Anja Amlang
Britta Sopp
Tina Bungeroth

A MERRY BRITISH CHRISTMAS

**Britische Traditionen.
Festliche DIY-Ideen.
Typische Rezepte.**

Lifestyle
BUSSE SEEWALD

Inhaltsverzeichnis

Anjas_vintagehome	8
Weihnachten mit britischem Charme	12
Father Christmas und Santa Claus	24
The Twelve Days of Christmas	26
Christmas Carols	28

Tasty Christmas 94

Christmas Feast 97
Graved Salmon – gebeizter Lachs 100
Pigs in Blankets – Würstchen im
Speckmantel 102
Roasted Celeriac Soup – Selleriesuppe 104
Roasted Turkey mit Weihnachtssoße,
Rosenkohl, Kartoffeln und Karotten 106
Caramel Trifle – karamelliges Dessert 114
Plum Pudding mit Brandy Sauce 116

Christmas Treats 121
Fruit Bread mit Ingwer und Cranberrys 124
Mince Pies mit Mince Meat 126
Orange Cakes mit Zuckerguss 133
Scones mit Clotted Cream 136
Shortbread – einfach und köstlich! 140

Christmas Drinks 143
Eggnog – Eierpunsch mit Sahne 146
Fizzy Pomegranate mit Rosmarin 148
Hot Toddy – Heißer Whisky 151
Wassail mit Apfelwein 152

Festive Decorations 30

Aus der Natur 33
Mooskranz schlicht-schön 36
Ilex-Kranz mit roten Beeren 38
Nusskranz mit Moos 45
Tannengirlande mit Ilex 48
Zapfengirlande mit Moos 50

Festlicher Baumschmuck 53
Orangenscheiben mit Nelken 56
Paper Chain – traditionelle Papiergirlande ... 58
Ribbons – dekorative Schleifen 62
Plätzchen-Anhänger – duftende Baumdeko .. 64

Gemeinsam feiern 67
Christmas Crackers – Knallbonbons 70
Partyhütchen mit Schleifenband 72
Tischkarten mit Ilex und Efeu 77
Serviettenringe aus Efeu 78

Dekorationen für draußen 81
Windlichter im Tannenkleid 84
Eislichter mit Wintergrün 86
Eisherzen – Deko-Anhänger 89
Vogelfutter als Mini-Gugelhupf 90

Anjas_vintagehome

Hallo, ich bin Anja, und ich liebe Weihnachten! Geboren wurde ich am 23. Dezember 1979 in Kelheim. Dort ist bis heute meine Heimat, die ich auf keinen Fall missen möchte. Meine Kindheit ist geprägt von wunderschönen Erinnerungen an ein liebevolles Elternhaus, in dem ich aufwachsen durfte. Meine große Liebe zu Garten und Dekoration hat sich schon damals entwickelt, und ich verdanke sie definitiv meiner Mama.

Ich war schon immer begeistert davon, mit wie viel Liebe sie unser Zuhause und unseren Garten gestaltet hat – und dabei ist sie bis heute ein großes Vorbild für mich. Wir besuchen wahnsinnig gerne Antikflohmärkte zusammen und teilen die Liebe zu alten Dingen.

Nach dem Abitur 1999 entschied ich mich jedoch nicht für einen kreativen Beruf. Im August 1999 begann ich meine zweijährige Lehre zur Bankkauffrau. Und auch heute noch, 23 Jahre später, übe ich meinen Beruf von Herzen gerne und mit Begeisterung aus.

Kreativität als Ausgleich

Mein privater Ausgleich zum Beruf war schon immer die Kreativität, egal ob im Garten oder auch im Interior-Bereich. Meine Vorliebe galt dabei schon immer auch den alten Dingen. Ich finde, sie erzählen Geschichten und geben einem Zuhause Wärme und Geborgenheit.

2017 erwarben mein Mann und ich dann unser jetziges Haus aus den 50er-Jahren, das wir mit viel Herzblut generalsaniert und über die Jahre liebevoll zu einem gemütlichen Zuhause für uns und unsere beiden Kinder gestaltet haben. Der große naturbelassene Garten und die Nähe zur Natur waren uns dabei sehr wichtig. Inzwischen leben wir unseren Landhaustraum zusammen mit Hund, Katze, Kaninchen, Hühnern und unserem Hahn Luigi.

Zuhause: unser Wohlfühlort

Ein Heim für die ganze Familie, Raum für jeden einzelnen und seine Bedürfnisse, egal ob groß oder klein, das war mir dabei besonders wichtig. Ein Wohlfühlort für uns, unsere Familie und Freunde, an dem jeder willkommen ist und sich zuhause fühlt. Wir lieben es, Gäste zu haben und mit ihnen gemeinsame Stunden zu verbringen.

Die Entwicklung unseres Gartens, Dekoideen mit Naturmaterialien und DIYs teile ich seit Juli 2019 auch auf meinem Instagram-Kanal @anjas_vintagehome. Hier gebe ich meinen Followern jeden Tag einen kleinen Einblick in unser Leben, lasse sie teilhaben an der Entwicklung unseres Gartens, zeige ihnen unsere Tiere. Ich nehme sie mit in unser Zuhause, bastle und koche mit ihnen und versuche täglich etwas von meiner Lebensfreude und meiner Liebe zu dem, was ich tue, weiterzugeben. Inzwischen verfolgen 100 000 Follower meine täglichen Beiträge, ein unglaublicher Erfolg für mich, der mich wahnsinnig dankbar macht

Weihnachten: magische Zeit!

Meine liebste Zeit zum Dekorieren ist auf jeden Fall die Weihnachtszeit, die für mich bis ins Erwachsenenalter einfach magisch geblieben ist. Vielleicht liegt es daran, dass ich einen Tag vor Weihnachten geboren wurde und für mich mit dem Beginn der Adventszeit auch immer nicht nur das Warten auf Weihnachten, sondern auch auf meinen Geburtstag verbunden war. Diese beiden Dinge waren immer untrennbar miteinander verknüpft, und mein größter Herzenswunsch zu Weihnachten war in jedem Jahr der Gleiche, nämlich frühmorgens am Weihnachtstag die Jalousien zu öffnen und eine mit Schnee bedeckte Landschaft vorzufinden. Das hat damals sogar noch recht häufig geklappt.

Weihnachtszeit ist gemeinsame Zeit

Als ich dann schon etwas größer war, durfte ich am Abend des 23. Dezembers immer gemeinsam mit meiner Mama und meiner Großmutter den Christbaum schmücken. Diese wunderbaren Momente, in denen wir gemeinsam die funkelnden Kugeln an den Baum gehängt und dann gemeinsam den fertigen Baum bestaunt haben, gehören zu mei-

nen schönsten Kindheitserinnerungen. Wenn sich dann am Weihnachtstag die Wohnzimmertüre öffnete, der Baum im Lichterglanz erstrahlte und wir gemeinsam ein Weihnachtslied sangen, stand meine Welt für einen kurzen Moment still.

Bis heute trage ich dieses Gefühl im Herzen und möchte meiner Familie jedes Jahr wieder ein ebenso schönes und friedvolles Weihnachtsfest bereiten, wie ich es damals erleben durfte. Die Vorbereitungen in der Adventszeit, das Schmücken des Hauses, das gemeinsame Backen und Kochen, die gemütlichen Stunden begleitet von Weihnachtsliedern und Geschichten genieße ich jedes Jahr aufs Neue – und all das gehört für mich einfach untrennbar zu Weihachten dazu.

Weihnachten in Großbritannien

Diese große Liebe zu Weihnachten, der Adventszeit und den damit verbundenen Bräuchen und Traditionen durfte ich nun in diesem Buch lebendig werden lassen. Ganz besonders hat es mir dabei das britische Weihnachtsfest angetan. Ich liebe die Farben Rot und Grün, die man dort noch stärker als hier mit Weihnachten in Verbindung bringt, und das Traditionelle, das unweigerlich ein Gefühl von Geborgenheit vermittelt. Mit diesem Buch möchte ich dich ebenfalls für die britische Weihnacht begeistern. Es soll dich verführen mit leckeren Rezepten von den Inseln, ob süß oder deftig, mit leckeren Drinks, die du deinen Gästen servieren kannst. Es soll dein Haus in weihnachtlichem Glanz erstrahlen lassen, mit vielen Bastelideen und Anleitungen. Ich habe mich in die britische Weihnacht verliebt und freue mich, wenn du dich davon anstecken lässt.

Deine Anja

Love and Peace with thee abide through the holy Christmastide!

Weihnachten mit britischem Charme

Mitten in der dunklen Jahreszeit gibt es einen Lichtblick: das Weihnachtsfest! Schon die Adventszeit erfüllt uns alle mit freudiger Erwartung. Unsere Häuser werden festlich herausgeputzt und überall steigt uns der Duft von Weihnachtsgebäck in die Nase.

Im Vereinigten Königreich entfaltet das Weihnachtsfest einen ganz besonderen Reiz. Natürlich haben England, Wales, Schottland und Nord-Irland viele Gemeinsamkeiten mit dem Rest Europas, wenn es um die Feierlichkeiten um dieses wichtige christliche Fest geht. Und doch haben das Königshaus, das Empire und nicht zuletzt Charles Dickens mit seinen Christmas Tales und *A Christmas Carol* den Briten so einige Besonderheiten beschert. Gleichzeitig traditionsbewusst, modern und humorvoll feiert man dort mit farbenfroher Dekoration, vielen deftigen und süßen Leckereien und sogar Partyhütchen und Knallbonbons ein typisch britisches Weihnachtsfest. Die Tradition des geschmückten Weihnachtsbaums wurde von uns Deutschen übernommen und im 19. Jahrhundert durch das britische Königshaus populär gemacht. Und es gibt auch Adaptionen aus der Neuen Welt, wenn Santa Claus wie in Amerika am Christmas Eve den Kamin herunterfährt, um dann die Christmas Stockings der Kinder zu füllen. Mit den Carol Singers tritt schließlich das gemeinsame Singen nicht nur im Familienkreis in den Vordergrund und wird in der Vorweihnachtszeit von Haustür zu Haustür getragen.

„I will honour Christmas in my heart,
and try to keep it all the year."

Charles Dickens, A Christmas Carol

WEIHNACHTEN MIT BRITISCHEM CHARME

Christmas Eve, Christmas Day, Boxing Day

Schon der Ablauf des Weihnachtsfests im Vereinigten Königreich unterscheidet sich etwas von dem, wie wir es in Deutschland kennen. Während bei uns der Heilige Abend am 24. Dezember der wichtigste Tag ist, beginnt in Großbritannien das eigentliche Weihnachtsfest erst am Christmas Day, dem 25. Dezember.

Der 24. Dezember ist **Christmas Eve**, der Vorabend der Geburt Jesu. Dieser Tag steht ganz im Zeichen der Vorbereitung auf den Weihnachtstag am 25. Dezember: Die letzten Weihnachtsdekorationen werden aufgehängt, der Baum wird geschmückt und die Geschenke unter den Baum gelegt.

Viele Familien kommen jetzt schon zusammen und genießen z. B. ein Glas Eggnog. Und manchmal findet das Christmas Dinner, das Weihnachtsessen, auch schon an diesem Abend statt. Meist ist es aber dem 25. Dezember vorbehalten. Oftmals wird auch ein Gottesdienst besucht.

An diesem Abend hängen die Kinder ihren Christmas Stocking, den Weihnachtsstrumpf, wenn vorhanden, am Kaminsims auf oder am Bettpfosten. Wenn die Kinder brav waren, füllt in der Nacht Santa Claus (siehe S. 24) den Strumpf mit kleinen Geschenken und Süßigkeiten. Wenn sie aber unartig waren, kann es schon einmal vorkommen, dass sie nur ein Stück Kohle darin finden.

Der 25. Dezember ist **Christmas Day**, der eigentliche Weihnachtstag, an dem die Christen feiern, dass Jesus das Licht der Welt erblickt hat.

Am Morgen – meist reicht die Geduld nicht bis nach dem Frühstück – dürfen die Kinder in ihre Christmas Stockings schauen, die ihnen Father Christmas in der Nacht gefüllt hat. Erst am Nachmittag sind die eigentlichen Geschenke an der Reihe.

In den meisten britischen Familien gehört es zur Tradition, um 15 Uhr im Fernsehen The Queen's Speech, die Weihnachtsansprache der Königin, zu verfolgen. Danach, am späten Nachmittag, versammelt man sich zum Christmas Dinner, dem Weihnachtsessen, meist mit traditionellen Gerichten. Dieses Dinner

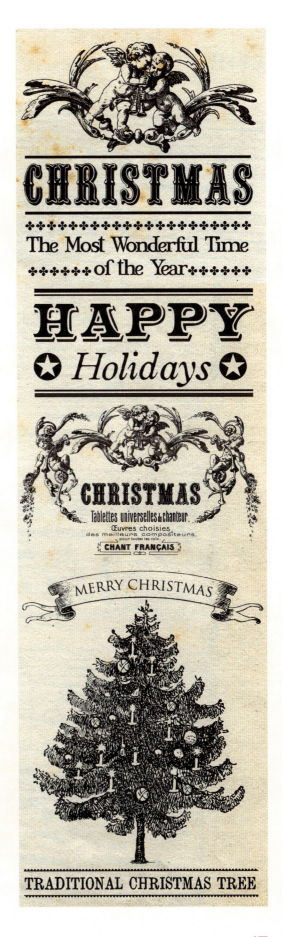

Joy to the World

Joy to the world, the Lord is come!
Let earth receive her King;
let ev'ry heart prepare him room
and heav'n and nature sing,
and heav'n and nature sing,
and heav'n, and heav'n and nature sing.

Joy to the earth, the Savior reigns!
Let men their songs employ,
while fields and floods, rocks, hills, and plains,
repeat the sounding joy,
repeat the sounding joy,
repeat, repeat the sounding joy.

No more let sins and sorrows grow
nor thorns infest the ground;
he comes to make his blessings flow
far as the curse is found,
far as the curse is found,
far as, far as the curse is found.

He rules the world with truth and grace
and makes the nations prove
the glories of his righteousness
and wonders of his love,
and wonders of his love,
and wonders, wonders of his love.

hat schon so etwas von einer Party: Man trägt Partyhütchen oder -krönchen und zieht zu zweit an Christmas Crackers. Das sind Knallbonbons aus Papier, die mit Konfetti, Süßigkeiten, kleinen Geschenken oder auch Sprüchen gefüllt sind. Nach dem Christmas Dinner werden endlich die Geschenke, die unter dem Weihnachtsbaum liegen, geöffnet.

Auch an diesem Tag steht oft ein Gottesdienst-Besuch auf dem Programm. Dabei werden – häufig auch schon im Kreise der Familie – Christmas Carols, englische Weihnachtslieder, gesungen. Den Rest des Abends lässt man dann gemütlich ausklingen und sitzt noch ein wenig im Familienkreis beisammen. Am 26. Dezember ist **Boxing Day**. Früher war es üblich, dass an diesem Tag nach dem Weihnachtsfest die Herrschaft ihren Angestellten ein Geschenk, oft in einer Christmas Box verpackt, überreichte. Daher stammt aller Wahrscheinlichkeit nach der Begriff Boxing Day. Heute ist der Boxing Day im Vereinigten Königreich ein Bank Holiday, also ein arbeitsfreier Feiertag, der – und so mancher Arbeitnehmer wünscht sich das auch für Deutschland – nachgeholt wird, sollte er auf ein Wochenende fallen. Die Geschäfte sind an diesem Tag geöffnet, sodass ihn viele Briten zum ausgiebigen Shoppen nutzen.

Typisch britische Dekorationen und Rezepte

Großbritannien-Begeisterte können sich das britische Flair zur Weihnachtszeit ganz einfach in die eigenen vier Wände – und den Garten – holen. Dieses Buch bietet hierfür jede Menge Inspirationen und zeigt, was genau das typisch Britische denn ausmacht. Mit vielen Anleitungen für wunderschöne Dekoideen und Weihnachtsaccessoires sowie leckeren Rezepten ist ein Ambiente wie im ländlichen England oder im kargen Schottland garantiert!

A very merry Christmas to you!

WEIHNACHTEN MIT BRITISCHEM CHARME

Father Christmas und Santa Claus

Die weißbärtige Figur des Father Christmas, des ursprünglichen britischen Weihnachtsmannes, ist aus dem traditionellen britischen Weihnachtsfest nicht wegzudenken. Heute klettert er allerdings als Santa Claus in seinem langen roten, pelzumsäumten Mantel in der Nacht vom 24. auf den 25. Dezember mit Geschenken beladen den Kamin herunter. Das Bild des nachtaktiven Geschenkebringers für Kinder wie auch die Namensgebung Santa Claus ist dabei erst nach dem amerikanischen Vorbild im 19. Jahrhundert entstanden. Die Figur Father Christmas ist hingegen viel älter.

Bevor die Kinder schlafen gehen, hängen sie in heutiger Zeit am Christmas Eve, dem Abend des 24. Dezembers, ihren meist hübsch bestickten Weihnachtsstrumpf, den **Christmas Stocking**, am Kamin oder in ihrem Zimmer auf. Als kleine Stärkung für seine Reise von Haus zu Haus richten sie für den Weihnachtsmann oftmals Mince Pies oder auch ein Getränk an. Tatsächlich basiert der traditionelle britische Father Christmas als Personifizierung und Allegorie der Weihnacht auf sehr viel älteren Traditionen.

Ursprünglich gehörte Father Christmas zur Folklore und er hat seine Ursprünge in den alten Midwinter-Feiern aus vorchristlicher Zeit. So gab es beispielsweise die Figur des Holly King, der eine ganz zentrale Figur der Midwinter-Mythologie war. Seit dem Hochmittelalter finden sich in den Aufzeichnungen weitere personifizierte Figuren der Weihnachtszeit wieder. Und **Father Christmas** wurde seit der Mitte des 17. Jahrhunderts zum Symbol für das fröhliche Feiern und ausgelassene Schlemmen zur Weihnachtszeit. Allerdings war Father Christmas, dessen Mantel sich keineswegs auf die Farbe Rot beschränkte, sondern häufig auch Grün, Braun oder Gelb war, nicht für die Kinder, sondern für die fröhlichen Feierlichkeiten der Erwachsenen zuständig. Mit hoher Wahrscheinlichkeit setzte sich auch hierin die Tradition der Midwinter-Feiern fort. Father Christmas brachte zu dieser Zeit im Gegensatz zu heute auch keine Geschenke. Sehr häufig trug er eine Art Krone aus Stechpalme auf dem Kopf und einen langen weißen Bart, der an einen Druiden erinnerte.

„Through the mists and through the shadows,
when the world is hushed and still ...
Father Christmas comes in silence,
climbing o'er the snow-clad hill."

E. F. Manning, The Coming of Father Christmas, 1894

In den Weihnachtsvolksspielen des späten 18. Jahrhunderts und der Folgezeit, den sogenannten **Mummers' Plays**, war Father Christmas fester Bestandteil der in den Dörfern aufgeführten Theaterstücke. Allerdings hatte er zu dieser Zeit keine herausragende Rolle in der Weihnachtstradition, zumal im 18. Jahrhundert das Interesse an den alten Weihnachtsbräuchen zunehmend nachließ. Eine Wiederbelebung erfuhren die Weihnachtsbräuche erst während der viktorianischen Zeit. Denn als sich das viktorianische Weihnachtsfest zu einem Fest der Familien entwickelte, an dem auch die Kinder teilnahmen, wandelte sich die Rolle von Father Christmas. Nun brachte er den Kindern in einem Sack Geschenke. Den Kamin fuhr er allerdings noch lange nicht herunter.

Das Bild vom **Santa Claus** im standardisierten roten Kapuzenmantel nahm seinen Ausgang nämlich im 19. Jahrhundert in den Vereinigten Staaten. Dort hatten niederländische Einwanderer ihren Sinterklaas mit in die neue Heimat gebracht. Santa Claus fuhr in Amerika am Weihnachtsabend allerdings mit seinem Rentierschlitten von Haus zu Haus und kam durch die Kamine, um den Kindern Geschenke zu bringen. Die Niederländer, die der Tradition des Heiligen Nikolaus folgten, der Geschenke in die Stiefel der Kinder stellt, wandelten dabei den Schuhbrauch in der neuen Heimat zum Strumpfbrauch um. Und die Briten übernahmen in der Folge dann sowohl die Kaminfahrt wie auch den Strumpfbrauch.

The Circle of Love.

In England verschmolzen die Figuren des Father Christmas und des Santa Claus aber erst nach und nach. Bis Anfang des 20. Jahrhunderts existierten durchaus beide Figuren, und die Tradition des nächtlich reisenden Santa Claus begann erst um 1870. Zunehmend verblassten die Unterschiede zwischen den beiden Figuren, und es setzte sich der rot bemäntelte Santa Claus durch, der am Christmas Eve den Christmas Stocking mit Geschenken füllt. Dieser Brauch hat sich bis heute erhalten und ist wichtiger Bestandteil des britischen Weihnachtsfestes. In den Haushalten, in denen ein echter Kamin vorhanden ist, werden die Wunschzettel der Kinder gerne verbrannt, damit Santa Claus den Rauch deuten kann und die richtigen Geschenke beschert.

The Twelve Days of Christmas

Viele kennen den Begriff Twelfth Night, vielleicht durch William Shakespeares Komödie „Was ihr wollt", die im Englischen auch „Twelfth Night" heißt. Auch das Weihnachtslied „The Twelve Days of Christmas" ist bei England-Fans durchaus bekannt. Sie spielen auch heute noch eine große Rolle im Vereinigten Königreich und in vielen Commonwealth-Ländern.

Aber was genau hat es mit den zwölf Weihnachtstagen auf sich? Die **zwölf Weihnachtstage** beginnen mit der Geburt Jesu am 25. Dezember und enden am Vorabend des 6. Januars. Manchmal wird auch erst am 26. Dezember mit der Zählung begonnen, sodass der 6. Januar der 12. Tag ist.

Die zwölf Weihnachtstage

Tag		Datum	Bedeutung
1	Christmas Day	25. Dezember	Christfest, Christtag
2	Boxing Day (St. Stephen's Day)	26. Dezember	St. Stephanus war der erste christliche Märtyrer
3	St. John's Day (the Apostle)	27. Dezember	Fest des Apostels und Evangelisten Johannes
4	The Feast of the Holy Innocents	28. Dezember	Fest der unschuldigen Kinder
5	St. Thomas Becket's Day	29. Dezember	benannt nach dem Erzbischof von Canterbury, Thomas Becket
6	St. Egwin of Worcester	30. Dezember	Fest der Heiligen Familie
7	New Year's Eve	31. Dezember	Silvester
8	St. Mary, the Mother of Jesus	1. Januar	Neujahr, Hochfest der Gottesmutter Maria
9	St. Basil the Great und St. Gregory Nazianzen	2. Januar	zwei einflussreiche Heilige des 4. Jahrhunderts
10	The Feast of the Holy Name of Jesus	3. Januar	Beschneidung und Namensgebung Jesu (nach manchen Kalendern schon am 2. Januar)
11		4. Januar	
12	Twelfth Night	5. Januar	
(13)	Feast of Epiphany	6. Januar	Offenbarung der Göttlichkeit (Epiphanie) Jesu, auch **Dreikönigstag**

Twelfth Night – die zwölfte Nacht

Die zwölfte Nacht markiert das Ende der Weihnachtszeit. Wie in vielen Gegenden Deutschlands werden auch in Großbritannien spätestens jetzt die Weihnachtsdekorationen abgenommen. Den Schmuck länger zu belassen soll Unglück bringen. Dieser Tag wird in Großbritannien auf ganz besondere Weise gefeiert: Traditionell wurden früher die **Rollen umgekehrt**, und für kurze Zeit wurde die Dienerschaft von ihrer Herrschaft bedient. Besonders freuen sich die Menschen dabei auf den Twelfth Night Cake, einen üppigen Kuchen aus Eiern, Butter, getrockneten Früchten, Nüssen und Gewürzen, etwa wie ein italienischer Panettone. Beim Backen wurde eine getrocknete Erbse oder Bohne im Kuchen versteckt. Wer sie fand, war für den Rest des Abends Lord (oder Lady) of Misrule. Später wurden statt der Erbse oder der Bohne zwei Münzen oder ähnliches mitgebacken.

Zu diesem Anlass gab es viel Musik. Außerdem amüsierte man sich mit einer Vielzahl von **Spielen**. Zum Beispiel wurde dabei ein rohes Ei zwischen zwei Personen hin und her geworfen. Sie mussten Stück für Stück ihren Abstand erhöhen. Wer das Ei nicht fangen konnte, hatte verloren. Ein anderes beliebtes Spiel, das oft auch an Christmas Eve oder Christmas Day gespielt wurde, war Snapdragon. Dafür gab man etwas Brandy und ein paar Rosinen in ein großes flaches Gefäß. Dann wurde das Licht gelöscht und der Brandy entzündet. Die Aufgabe war es nun, möglichst schnell eine Rosine aus dem brennenden Brandy zu fischen und zu essen. Die blauen Flammen und ihr Schattenspiel sind hierbei wirklich eindrucksvoll! Heute würde man dieses Spiel allerdings aus Sicherheitsgründen nicht mehr empfehlen!
Ein wichtiger Brauch zur zwölften Nacht ist in vielen Teilen des Vereinigten Königreichs das Wassailing (siehe Christmas Carols, S. 28).

Christmas Carols

Dass Weihnachten im 19. Jahrhundert zu einem so beliebten Fest wurde, ist sicherlich auch den Weihnachtsliedern und dem Brauch des Carolling zu verdanken. Denn seit der viktorianischen Zeit werden englische Weihnachtslieder – oftmals in kleinen Laienchören – mit Begeisterung auf der Straße oder auch auf öffentlichen Plätzen gesungen. Zum Repertoire der Sängergruppen gehören traditionelle Lieder wie „We wish you a merry Christmas" oder „O come all ye faithful". Häufig sammeln die Sänger dabei Spenden für wohltätige Zwecke. Sie ziehen dafür in der Vorweihnachtszeit auch von Haustür zu Haustür und verbreiten Weihnachtsstimmung.

Dies war nicht immer so. Die ersten Weihnachtslieder entstanden bereits im Mittelalter als Kirchenlieder. Sie wurden in den Gottesdiensten mit lateinischen Liedtexten gesungen und waren eher tragend als fröhlich-unbeschwert. Etwa zu dieser Zeit entstanden auch die ersten Weihnachtslieder in der Landessprache. Dabei waren viele alte Weihnachtslieder regionalen Ursprungs und wurden keinesfalls nur zur Weihnachtszeit gesungen.

Häufig war der Gesang dabei auch Bestandteil von Krippenspielen, sogenannten Nativity Plays. Diese Krippenspiele erzählten die Weihnachtsgeschichte in der Landessprache. Das zog die Menschen besonders an, denn zu dieser Zeit wurden Gottesdienste vorwiegend auf Latein gehalten. Der Brauch des Nativity Play hat sich bis heute erhalten, denn in der Vorweihnachtszeit finden in den Grundschulen häufig Inszenierungen statt, die die Geburt Jesu nachstellen.

Ein Vorläufer der Carol Singers war der aus dem Mittelalter stammende Wassailing-Brauch. Die Armen zogen dabei in der Zwölften Nacht singend vor die Häuser wohlhabender Bürger und boten aus der Wassail Bowl ein Getränk (oftmals gewürztes Bier oder Cider) an. Im Austausch dafür erhielten sie kleine Geschenke und Almosen. Dieser Brauch wird als Wassailing bezeichnet.

Auch die sogenannten Waits waren Vorläufer der Carol Singers. Hierbei handelte es sich um kleine Sängergruppen, die von den Bürgermeistern oder einflussreichen Bürgern zusammengestellt wurden, um von den Bürgern am Christmas Eve Spenden für den wohltätigen Zweck einzusammeln.

Der berühmte Weihnachtsklassiker, die Erzählung „A Christmas Carol" von Charles Dickens, die 1843 veröffentlicht wurde, trug zur wachsenden Beliebtheit des Weihnachtssingens ebenso bei wie der Umstand, dass im 19. Jahrhundert auch Weihnachtsmusikbücher veröffentlicht wurden. Alte Lieder wurden dadurch vor dem Vergessen bewahrt und neue Lieder, wie „Hark! The Herald Angels Sing", kamen hinzu.

So sind heute besonders die auch im Familienkreis gerne gesungenen fröhlichen Weihnachtslieder ein fester Bestandteil der britischen Weihnachtstradition.

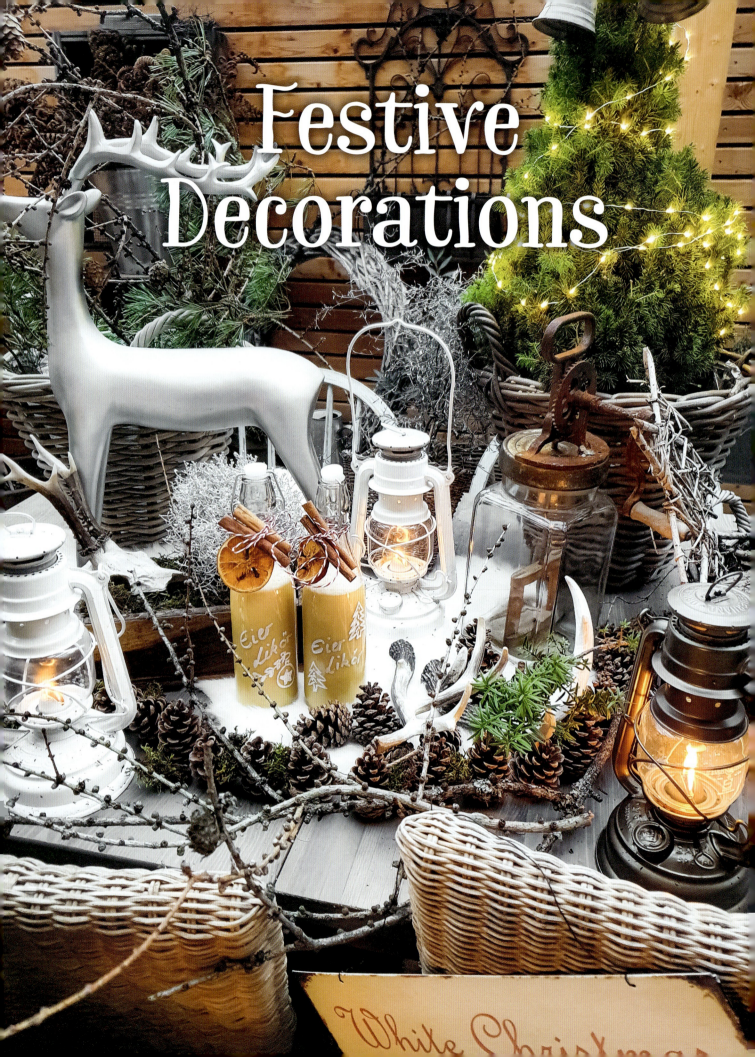

Ende November setzt die Dämmerung bereits früher ein, und die Abende werden länger. Nun ist die Zeit gekommen, um sich mit ersten selbst gemachten Weihnachtsdekorationen allmählich auf die festliche Zeit einzustimmen. Wie heißt es so schön in dem klassischen Weihnachtslied schlechthin: „Deck the Halls".

Wir möchten den Duft von frischem Tannengrün und Eukalyptus ins Haus holen, ebenso wie die Farben, die uns jetzt auch draußen in der Natur Blickfänge inmitten des Einheitsgraus bescheren: allerlei Rot- und Beerentöne.

Mit jeder Schleife, die wir binden, und jedem Kerzenlicht, das wir aufstellen, wächst die weihnachtliche Vorfreude. Und auch der Baumschmuck, der in Handarbeit mit den Kleinen liebevoll begonnen wird, wird später dem Baum, den Kränzen und Girlanden unserer Weihnachtsdeko erst die ganz individuelle Note verleihen.

Jetzt ist die Zeit, in der man auf dem Wochenmarkt die ersten Mistelbündel angeboten bekommt. Und auch die Zweige der dekorativen Blautanne, die selbst eingetrocknet ihre schöne Färbung behält und die sich daher besonders für den traditionellen Adventskranz eignet, kann man jetzt kaufen. Tannengirlanden als Tisch- und Türschmuck wollen rechtzeitig gebunden sein. Und mit Nelken geschmückte Orangen sind kleine duftende Kunstwerke, die in den Wohnräumen dekorativ arrangiert werden können. Nimmt man Kiefernzapfen und Zimtstangen hinzu, erhält man eine wunderbar weihnachtliche Duftkombination, die auch das Auge erfreut. Und die so ganz allmählich den Geist der Weihnachtszeit mit all ihren lieb gewonnenen Traditionen in unsere Herzen ziehen lässt.

Deck the Halls

*Deck the halls with boughs of holly,
'Tis the season to be jolly.*

*Don we now our gay apparel,
Troll the ancient Yule tide carol.*

*See the blazing Yule before us,
Strike the harp and join the chorus.*

*Follow me in merry measure,
While I tell of Yule tide treasure.*

*Fast away the old year passes,
Hail the new, ye lads and lasses.*

*Sing we joyous, all together,
Heedless of the wind and weather.*

Aus der Natur

Tannengrün, Efeu und Ilex

In Deutschland wird zwar bereits in der Adventszeit mit dem Dekorieren begonnen, der eigentliche Weihnachtsbaum jedoch wird vieler Orts nach wie vor erst am 24. Dezember aufgestellt und festlich geschmückt. Auch in Großbritannien wird traditionell oft schon zu Beginn des Monats das ganze Haus opulent dekoriert. Bereits an der Haustür empfängt den Besucher meist der Christmas Wreath, ein schöner Türkranz aus Efeu und roten Ilexbeeren. Überhaupt kommen gern Dekorationen aus der Natur zum Einsatz. Und während es bei uns vor allem das Tannengrün ist, verwendet man in Großbritannien auch Efeu, Beeren aller Art, Ilex (Stechpalme) und Mistelzweige.

Zwar geht die Tradition des geschmückten **Weihnachtsbaums** auf den Ehemann von Queen Victoria, Prince Albert, zurück, der diesen Brauch im 19. Jahrhundert aus seiner deutschen Heimat mitbrachte, doch hatte man in Großbritannien bereits zuvor die Räumlichkeiten mit **Weihnachtsgirlanden** um Treppengeländer, Türrahmen, auf Tischen und Kaminsimsen dekoriert.

Dekorative Weihnachtskränze aus Tannengrün, Efeu oder auch Ilex wurden nicht nur an der Haustür aufgehängt, sondern auch zur Tischdekoration und als Raumschmuck überall im Haus verwendet. Wie auch bei uns symbolisiert der immergrüne Naturschmuck das ewige Leben, Hoffnung und die Auferstehung von Christus. Die Kirche griff hierbei sehr viel ältere heidnische Traditionen auf und belebte diese neu mit ihren christlichen Werten.

In der viktorianischen Zeit wurde auch das weihnachtliche Brauchtum des Hausschmückens wie so viele Traditionen mit neuem Leben erfüllt. Efeu war allein deshalb bei der Bevölkerung sehr populär, weil es leicht zu finden war und es sich zudem aufgrund seiner Biegsamkeit sehr gut für Kränze und Girlanden eignete. Auch Kräuterpflanzen wie Rosmarin und Lavendel hielten Einzug in die weihnachtlich geschmückten Häuser, denn neben der Farbgebung Grün und Rot waren auch die Aromen und Düfte wichtig. Traditionell wird die Weihnachtsdeko im Vereinigten Königreich zur Twelfth Night am 6. Januar entfernt.

licher Willkommensgruß oben in den Türrahmen gehängt. Früher wurde mit jedem Kuss unter dem Kissing Ball eine Beere entfernt. Waren alle Beeren aufgebraucht, durfte nicht mehr geküsst werden.

Pick a Berry off the Mistletoe
For every Kiss that's given
When the Berries have gone
There's an end to Kissing.

Mistelzweige sind mit ihren kleinen weißen Perlen und immergrünen filigranen Zweigen aus dem britischen Weihnachtsschmuck nicht wegzudenken.

Der Mistelzweig gehört wie der Ilex seit Jahrhunderten zum Brauchtum im Vereinigten Königreich. Von alters her wurden ihm magische Kräfte zugesprochen, und bereits die keltischen Druiden in grauer Vorzeit verwendeten Mistelzweige für ihre Rezepturen. Im Mittelalter sollte der Mistelzweig das Haus und seine Bewohner vor bösen Geistern schützen, und zu den magischen Kräften, die ihm zugesprochen wurden, gehörte auch die Fruchtbarkeit.

Man geht davon aus, dass der bis heute gebräuchliche Kuss unter dem Mistelzweig auf alte Hochzeitsrituale aus vorchristlicher Zeit zurückzuführen ist.

Der **Kiss under the Mistletoe** unter dem Kissing Ball (auch Kissing Bough) galt zudem als ein Zeichen der Versöhnung, der Liebe und der Freundschaft. Zur Weihnachtszeit werden daher gerne Mistelzweige mit einem roten Band geschmückt als ein freundlicher

Für die allseits beliebten Weihnachtsgirlanden, die Christmas Garlands, kommen neben Ilexbeeren, Tannen und Efeu ebenfalls Mistelzweige zum Einsatz. Bis heute ist der Mistelzweig daher ein beliebtes Weihnachtsmotiv auf Weihnachtskarten, Kissen und auch auf Weihnachtsporzellan.

Mooskranz
schlicht-schön

Ein absoluter Klassiker unter den Kränzen und so unglaublich vielseitig ist der Mooskranz. Gerade wenn man noch nicht so viel Erfahrung in der Herstellung von Kränzen hat, ist er ideal, um damit zu beginnen. Er kann das ganze Jahr über jahreszeitlich dekoriert werden, aber in der Weihnachtszeit hat er seinen ganz großen Auftritt, verziert mit Schleifen, Kerzen etc.

Für 1 Kranz

Strohrömer in der gewünschten Größe (z. B. Ø 24 cm)

Moos

Patenthaften

3 Kerzenhalter zum Feststecken

3 kleine Stabkerzen in Weiß

6 Kiefernzapfen

2 Christbaumkugeln aus Glas

1. Die Herstellung ist denkbar einfach: eine Lage Moos auf den Strohrömer legen und mit Patenthaften am Kranz feststecken.
2. Das nächste Stück Moos leicht überlappend auf den Kranz legen, sodass zum ersten Stück keine Lücke entsteht. Wieder mit Patenthaften feststecken.
3. Genauso fortfahren, bis der Kranzrohling vollständig bedeckt ist. Dabei darauf achten, dass auch in der Mitte und an der Seite der Strohrömer nicht mehr zu sehen ist.
4. Evtl. entstandene Lücken mit kleinen Moosstücken füllen, Moos ebenfalls mit Patenthaften feststecken.
5. Nach Herzenslust dekorieren. Zum Beispiel drei Kerzenhalter mit Stabkerzen nebeneinander in den liegenden Kranz stecken. Abschließend mit Kiefernzapfen und Christbaumkugeln dekorieren.

AUS DER NATUR

Ilex-Kranz
mit roten Beeren

In England werden die Haustüren zur Weihnachtszeit traditionell mit Kränzen geschmückt. Meine Variante enthält neben Tannenzweigen auch Ilex, Efeu und rote Beeren. Diese Kombination lässt den Kranz ganz besonders festlich erscheinen. Geschmückt mit einer karierten roten Schleife bereitet der Kranz meinen Gästen einen herzlichen Empfang.

Kränze binden

Ob Türkranz, Adventskranz oder Tischdeko – jeder selbst gebundene Kranz ist ein Unikat und macht deine Dekoration zu etwas ganz Besonderem. Zum Binden von weihnachtlichen Kränzen eignen sich viele Naturmaterialien. Tanne, Ilex, Efeu und Buchs sind die Klassiker, aber auch Kiefer mit ihren langen Nadeln oder Thuja mit ihren weichen Zweigen ergeben schöne Kränze. Außerdem kannst du Wacholder, Lorbeer, Lavendel und Rosmarin mit einbinden. Sie sorgen zusätzlich für einen wunderbaren Duft!
Farbe bringen Hagebutten oder andere rote Beeren in den Kranz. Und wer es ganz modern mag, bindet auch Heidekraut, Stroh- und andere getrocknete Blumen und Hortensien mit ein.

Für 1 Kranz

Kranzrohling, Ø 30 cm

Zange

Stabiler Blumendraht

Tannengrün, Efeuranken, Ilex und rote Beeren

Schleifenband nach Wahl

AUS DER NATUR

1. Vorab das Grün und die Zweige mit den Beeren zurechtschneiden. Ca. 10 cm lange Stücke sind ideal.
2. Blumendraht mehrmals um den Kranzrohling wickeln und anschließend verknoten
3. Ein Büschel Grün auf Höhe des Bindedrahtes auf die Innenseite des Rohlings legen und den unten Teil fest mit Draht umwickeln.
4. Das Grün dann schichtweise übereinanderlegen und den Draht immer nur um die unteren Enden wickeln. Dabei im Uhrzeigersinn und von innen nach außen vorgehen.
5. Nach Fertigstellung des Kranzes den Draht auf der Unterseite des Kranzes verknoten und mit der Zange abschneiden. Zum Abschluss den Kranz mit einer festlichen Schleife nach Belieben dekorieren.

Nusskranz
mit Moos

Meine große Leidenschaft gehört den Naturmaterialien. Es gibt unglaublich viele Möglichkeiten, um Kränze natürlich zu gestalten. Und gerade in der Weihnachtszeit sind Kränze unverzichtbar. Der Kranz aus Nüssen ist ein Klassiker für mich, und er ist auch für Ungeübte ganz einfach nachzuarbeiten.

Für 1 Kranz

1200 g Walnüsse

Kranzrohling, Ø 20–30 cm

Moos

Heißkleber

1. Im Inneren des Kranzes beginnen. Walnüsse auf einer Seite mit der Heißklebepistole betupfen und die Nüsse von innen nach außen an den Kranz kleben. Wenn nötig etwas Heißkleber in die Zwischenräume der Nüsse geben. Dies sorgt für zusätzliche Stabilität.
2. Solange fortfahren, bis der komplette Kranz mit Nüssen bedeckt ist. Abschließend die Zwischenräume mit Moos ausstopfen.

„Die schneebedeckte Landschaft verzaubert mich jedes Jahr wieder wie in Kindertagen."

Tannengirlande
mit Ilex

Tannengirlanden dürfen in der Weihnachtszeit nicht fehlen. Sie verströmen diesen einzigarten Duft, den ich schon seit meiner Kindheit liebe und dem nur der Weihnachtsbaum den Rang abläuft. Ob auf der festlich gedeckten Tafel oder als Hingucker auf Kommoden – Girlanden verbreiten pure Weihnachstimmung. Bei der individuellen Dekoration sind der Fantasie keine Grenzen gesetzt. Zur Dekoration verwende ich sehr gerne natürliche Materialien wie getrocknete Orangenscheiben und Kiefernzapfen.

Für 1 Girlande

2–3 Tannenzweige, z. B. Nordmanntanne

2–3 Kiefernzweige

1 Bund Ilex

Gartenschere

Juteschnur, dick

Bindedraht

1 Die Juteschnur auf die gewünschte Länge schneiden. Die beiden Enden verknoten, damit die Schnur nicht ausfranst. Außerdem bilden die Knoten einen hübschen Abschluss.

2 Die Zweige mit der Gartenschere in ca. 10–15 cm lange Stücke schneiden. Dabei sollten die einzelnen Stücke eine schöne Spitze haben.

3 An einem Knoten der Juteschnur beginnen und ein Stück unterhalb den Bindedraht an der Schnur befestigen. Einen Zweig an die Schnur legen und dessen Ende mit dem Bindedraht umwickeln und so an der Schnur befestigen.

4 Auf diese Weise weiterverfahren, bis man am unteren Knoten angekommen ist. Dabei das Wintergrün abwechselnd aufeinanderfolgen lassen. Den Draht abschließend fest verdrehen.

5 Je nach Geschmack die Girlande dekorieren, z. B. mit getrockneten Orangenscheiben und Kiefernzapfen oder Schleifenband.

Zapfengirlande
mit Moos

Ebenso wie Tannengrün gehören Zapfen für mich zu einer natürlichen Weihnachtsdekoration. Außerdem sind Zapfen eine sehr kostengünstige Dekorationsmöglichkeit. Bei einem Spaziergang durch den Wald muss man nur die Augen offenhalten und im Nu hat man eine Menge herrlich duftender Zapfen aufgesammelt. Fast ebenso schnell entsteht aus den Waldfunden eine dekorative Girlande.

Für 1 Girlande
(ca. 75 cm lang)

Zapfen (ich verwende am liebsten Kiefernzapfen)

Bindedraht

Moos

Zange

1 Zu Beginn den Bindedraht mehrmals um das untere Ende des ersten Zapfens wickeln und verdrehen.

2 Anschließend etwas Moos an die Unterseite des Zapfens legen und einige Male mit dem Draht umwickeln.

3 So weiterverfahren und abwechselnd Zapfen und Moos mit Draht umwickeln, bis die Girlande die gewünschte Länge erreicht hat.

4 Zum Schluss die Girlande in eine passende Form biegen. Als Tischdeko gibt sie der Tafel einen natürlichen Charme, macht sich aber auch draußen vor dem Haus wunderbar!

AUS DER NATUR

Festlicher Baumschmuck

Tradition aus Deutschland

Der **Weihnachtsbaum**, das heute unverzichtbare Symbol des Weihnachtsfestes, war keineswegs schon immer Bestandteil der Weihnachtsfeierlichkeiten im Vereinigten Königreich. Erst Queen Charlotte, die deutsche Ehefrau von King George III brachte diesen Brauch Ende des 18. Jahrhunderts mit nach England. Doch der Baum blieb zunächst dem Königlichen Hof und den Wohlhabenden vorbehalten. Außerdem feierten zu dieser Zeit die Erwachsenen hauptsächlich unter sich, Weihnachten war also kein Familienfest mit Kindern. Das änderte sich erst mit Prince Albert, dem deutschen Ehemann von Queen Victoria: Ab ca. 1840 feierte das **königliche Paar** das Fest gemeinsam mit seinen Kindern unter dem Weihnachtsbaum. Überall im Palast hingen bunt geschmückte und mit Kerzen erleuchtete Weihnachtsbäume von den Decken. Dafür wurden im Vorfeld sogar die Kronleuchter abgehängt!

Zahlreiche, in Zeitungen veröffentlichte Abbildungen der Königlichen Familie mit dem Weihnachtsbaum sorgten dafür, dass dieser Brauch schnell zunächst von der sogenannten feinen Gesellschaft und schließlich von der gesamten Bevölkerung übernommen wurde.

In den meisten Familien stand ein kleiner Baum auf einem Tisch. Später konnte man auch größere Bäume, meist norwegische Fichten, kaufen, die dann auf dem Boden standen. Zwischenzeitlich kamen in der besseren Gesellschaft weiße Weihnachtsbäume oder solche aus gefärbten Straußenfedern in Mode.

Bereits vor der Ankunft des Weihnachtsbaums spielte Grün eine wichtige Rolle bei der Weihnachtsdekoration (siehe S. 34). Aus Efeu, Ilex, Misteln und anderen immergrünen Pflanzen wurden **Kränze und Girlanden** gebunden, die z. B. Bilderrahmen und Kaminsimse verzierten. Dies wurde beibehalten, und die Naturdekorationen ergänzen sich bis heute wunderbar mit dem Weihnachtsbaum.

Festlich geschmückt

Was den **Weihnachtsbaumschmuck** anbelangt, so sind im Vereinigten Königreich der Fantasie keine Grenzen gesetzt. In seiner Erzählung „A Christmas Tree" von 1850 beschreibt **Charles Dickens** einen von Kindern bestaunten, prächtigen Weihnachtsbaum: Eine Vielzahl von kleinen Kerzen erleuchtete den Baum, und überall glitzerte bunter Baumschmuck: Da gab es rotbäckige Püppchen, glänzend lackierte winzige Puppenmöbel und verschiedenste Miniatur-Haushaltsgegenstände aus Blech. Außerdem, so beschreibt es Dickens, hingen kleine Musikinstrumente, Bücher, Handarbeitskörbchen und vieles mehr im Baum – alles im Miniaturformat. Die etwas älteren Mädchen freuen sich über kleine, bunte Schmuckstücke, Nadelkissen, Riechfläschchen; für die Jungen hängte man Kreisel und sogar kleine Pistolen und Schwerter in den Baum. Und natürlich durften die Leckereien nicht fehlen: Echte Früchte wurden ebenso aufgehängt wie künstliche, mit Süßigkeiten und anderen Überraschungen gefüllte Äpfel, Birnen, Walnüsse. Natürlich war der Baum nicht überall so groß und so üppig geschmückt. Weniger wohlhabende Familien schmückten ihre Bäume neben Kerzen mit Stoffbändern, Stoffschleifen und **selbst gebastelten Ornamenten** wie z. B. Papiergirlanden. Auch mit kleinen Äpfeln und getrockneten Orangenscheiben wurde geschmückt. Auch heute darf es beim Schmücken des Baumes durchaus bunt zugehen. So findet man Candy Canes, zum

Gehstock gebogene, rot und weiß gestreifte Zuckerstangen, in vielen Bäumen. Und natürlich haben auch die deutschen Christbaumkugeln ebenso ihren Weg an die britischen Bäume gefunden wie Kuriositäten, z. B. die Christmas Pickle, die Weihnachtsgurke, aus den USA.

Am Christmas Day, dem 25. Dezember, hat der Weihnachtsbaum schließlich seinen großen Tag: Am Morgen dürfen die **Geschenke**, die meist in der Nacht zuvor unter den Baum gelegt wurden, von allen geöffnet werden! Und auch wenn die Kinder einen Teil der Geschenke in ihrem Christmas Stocking finden, legt man die etwas größeren Päckchen unter den Weihnachtsbaum.

Kerzen

Kerzen gehören an jeden Weihnachtsbaum. Heute greift man zwar meist zu elektrischen Lichterketten, aber echte Kerzen entfalten einen ganz besonderen Reiz. Zur viktorianischen Zeit war man an offenes Feuer und Kerzen gewöhnt und ließ entsprechende Vorsicht walten. Doch bereits seit Ende des 19. Jahrhunderts gab es auch elektrische Baumkerzen.

Orangenscheiben
mit Nelken

*Festlich geschmückte Häuser, Lichterglanz, Tannenbäume ...,
all das macht Weihnachten aus. Ich verbinde aber auch diese ganz besonderen
Gerüche mit der Weihnachtszeit, die es eben nur dieses eine Mal im Jahr gibt.
So trockne ich jedes Jahr Orangenscheiben und verteile sie im ganzen Haus. Schon
während des Trocknens im Ofen verbreiten sie ihren unnachahmlichen Geruch.*

Für 50 Orangenscheiben

5 Orangen

1 Pck. Nelken

Scharfes Messer

Schneidebrett

1 Den Ofen auf 100 °C vorheizen.

2 Die Orangen in möglichst gleichmäßige, dünne Scheiben schneiden. Dafür ist wichtig, dass die Orangen fest und nicht zu saftig sind.

3 Nun nach Belieben mit Nelken spicken: Je nach Größe der Scheibe etwa 5–8 Nelken in das Fruchtfleisch stecken.

4 Die Orangenscheiben auf einen Gitterrost legen. 3–4 Stunden lang bei leicht geöffneter Ofentür trocknen lassen, eventuell wenden. Ich schiebe ein Blech unter den Rost, falls die Orangen tropfen.

5 Die Orangenscheiben erst aus dem Ofen nehmen, wenn sie ganz getrocknet sind, sonst besteht die Gefahr, dass die Scheiben zu schimmeln beginnen. Die Trocknungszeit kann je nach Dicke der Scheiben variieren. Eventuell noch etwas länger im Ofen lassen.

Paper Chain
Traditionelle Papiergirlande

Weihnachten ist für mich ganz klar Familienzeit, und das nicht nur an den Festtagen. Schon in den Wochen zuvor steigt besonders bei den Kindern mit jedem Tag die Vorfreude. Umso mehr Zeit versuche ich, mir Zeit für sie zu nehmen, und da darf auch gemeinsames Basteln nicht fehlen. Sehr viel Spaß macht es uns immer, die traditionellen Paper Chains – auf Deutsch Papiergirlanden – zu basteln, die man vielseitig dekorieren kann.

Für 1 Girlande

Bastelpapier DIN A4 in Rot und Grün

Schere

Klebestift

1 Das Bastelpapier mit der Schere in 3 cm breite Streifen schneiden. Dabei gleich viele rote wie grüne Streifen vorbereiten. Die Anzahl richtet sich nach der gewünschten Länge der Girlande.

2 Die Enden des ersten Papierstreifens mit dem Klebestift bestreichen und übereinanderlegen, sodass ein Ring entsteht. Die Klebestelle etwas zusammendrücken.

3 Die Enden des nächsten Streifens – in der jeweils anderen Farbe – mit dem Klebestift bestreichen. Durch den ersten Ring stecken und die Enden wiederum miteinander verkleben.

4 Farblich abwechselnd so fortfahren, bis die gewünschte Länge der Girlande erreicht ist.

5 Die Girlande am Kaminsims aufhängen. Sie macht sich aber auch sehr schön über einem Bilderrahmen oder als Tischdeko.

„Weihnachten, Zeit voller Gemütlichkeit, Wärme und Geborgenheit."

Ribbons
Dekorative Schleifen

Schleifen gehören einfach dazu an Weihnachten: nach britischer Tradition am festlich geschmückten Weihnachtsbaum, an kunstvoll verpackten Geschenken oder als Highlight an Kränzen. Allerdings ist es oftmals gar nicht so einfach, sie hübsch zu binden. Hat man es aber erst einmal raus, ist es jedoch ganz simpel. Dann kann man gar nicht mehr damit aufhören, die hübschen Hingucker zu basteln!

Für 1 Schleife
Geschenkband
Tacker
Schere

1. Für eine Schleife benötigt man vier Streifen des Geschenkbandes:
   – 2 Streifen in 30 cm Länge
   – 1 Streifen in 25 cm Länge
   – 1 Streifen in 12 cm Länge
2. Die beiden längsten Stücke jeweils zu einem Ring legen, sodass die Enden übereinander liegen. Dann die beiden Teile deckungsgleich übereinanderlegen.
3. Der 25 cm lange Streifen bildet die herabhängenden Schleifenenden. In der Mitte knicken und auf die Mitte des kürzesten Streifens legen.
4. Nun auch die beiden ersten Streifen mittig auf den kurzen Streifen legen. Mit den Enden des kurzen Streifens alle drei anderen Teile umfassen, die Enden übereinander legen und mit einem Tacker zusammenheften.
5. Die Schleife umdrehen, sodass sich die Tackernadel auf der Rückseite befindet, und die Schleife zurechtziehen.

Tipp: Um die Schleife am Weihnachtsbaum oder an einem Kranz zu fixieren, einfach ein Stück Draht zwischen den Bänderstreifen hindurchführen.

Plätzchen-Anhänger
Duftende Baumdeko

Jedes Jahr am Abend vor Weihnachten wird bei uns der Weihnachtsbaum geschmückt. So war es schon in meiner Kindheit, und diese Tradition wollte ich unbedingt beibehalten. Außerdem war es mir immer sehr wichtig, dass unsere Kinder den geschmückten Baum erst an Weihnachten zur Bescherung sehen. Diese leuchtenden Augen, wenn der Baum funkelt und glitzert und die Geschenke darunter liegen, sind einfach etwas ganz Besonderes! Ganz besonders lieben es die Kinder, wenn am Baum lecker duftende Plätzchen hängen, von denen sie dann immer naschen dürfen.

Für 12 Anhänger

100 g Butter
150 g Mehl
40 g brauner Zucker
40 g weißer Zucker
1 Päckchen Vanillezucker
1 Ei
½ TL Zimt
Zuckerschrift
Bändchen

1 Ofen auf 180 °C vorheizen. Alle Zutaten zu einem glatten Teig verkneten. Anschließend den Teig für eine halbe Stunde in den Kühlschrank geben.

2 Den Teig auf einer bemehlten Fläche ca. 0,5 cm dick ausrollen. Plätzchen nach Belieben ausstechen, mit einem Holzstäbchen ein Loch für das Bändchen zum Aufhängen stechen.

3 Auf ein mit Backpapier belegtes Blech legen und ca. 8–10 Minuten lang backen.

4 Die Plätzchen-Anhänger auskühlen lassen. Je nach Belieben mit Zuckerschrift bemalen oder unverziert lassen. Zum Schluss Bändchen zum Aufhängen einziehen oder verknoten.

Gemeinsam feiern

Fröhliches Weihnachtsfest

Der Advent ist im Vereinigten Königreich wie bei uns eine Zeit der Vorfreude auf das Weihnachtsfest. Zu den Vorbereitungen auf den großen Tag gehören auch hier typische Dekorationen und Accessoires, die häufig auch selbst gemacht werden.
In der Vorweihnachtszeit denkt man ganz besonders an die Menschen, die einem etwas bedeuten – Familie, Freunde und Bekannte. Ganz wichtig sind dabei **Weihnachtskarten**, die meist schon früh in der Vorweihnachtszeit verschickt werden. Häufig werden die Karten liebevoll selbst gestaltet. Seit etwa Mitte des 19. Jahrhunderts gibt es aber auch gedruckte Weihnachtskarten, mit denen die Weihnachtsgrüße im ganzen Land verschickt werden. Um dieselbe Zeit wurde in England die sogenannte Penny Post eingeführt, sodass sich die meisten Menschen das Porto leisten konnten. Die Weihnachtskarten, die man selbst erhält, werden als Teil der Weihnachtsdekoration auf dem Kaminsims schön arrangiert oder darüber an einer Schnur aufgehängt. Auch der **Christmas Stocking**, der Weihnachtsstrumpf, ist oft ein selbst genähtes oder gestricktes Unikat. Liebevoll verziert und bestickt, kann er schon in der Vorweihnachtszeit als Dekoration am Kaminsims hängen, bevor er dann in der Nacht vom 24. auf den 25. Dezember vom Weihnachtsmann mit kleinen Geschenken gefüllt wird.

Die Weihnachtszeit im Vereinigten Königreich ist fröhlich und von gut gelaunten Zusammenkünften im Freundes-, Kollegen- und Familienkreis geprägt. Die Besinnlichkeit, die wir uns in Deutschland oft für das Weihnachtsfest wünschen, findet man auf den Inseln eher selten. Hier wird ausgelassen gefeiert, und sogar die Familienzusammenkunft beim Christmas Dinner ist eher eine Party als ein beschauliches Abendessen. Die Menschen sind zwar festlich gekleidet, aber mit Partyhütchen, Paper Crowns (kleine Kronen aus goldenem Papier) und Christmas Crackers sind Fröhlichkeit und Humor immer mit von der Partie.

Christmas Crackers sind Knallbonbons aus Papier und Pappe, die mit Süßigkeiten, kleinen Geschenken und Zettelchen mit Sprüchen oder Witzen gefüllt sind. Je nach Konstruktion geben sie beim Öffnen ein lautes Geräusch von sich. Meist ist auch eine Paper Crown enthalten, die sofort aufgesetzt wird.

Christmas Crackers werden oft selbst gebastelt und bunt und lustig gestaltet. Dann enthalten sie für jede Person das passende kleine Präsent. Aber natürlich kann man sie auch fertig kaufen. Zusammen mit den **Partyhütchen** sind sie zunächst Teil der Tischdekoration für das Christmas Dinner. Während des Christmas Dinners ist es dann üblich, die Christmas Crackers zu zweit „knallen" zu lassen. Dazu zieht jeder an einem Ende des Knallbonbons, bis es auseinanderreißt. Dann wird der Inhalt gemeinsam begutachtet, vielleicht getauscht oder weiterverschenkt, und die enthaltenen Witze werden vorgelesen. Und niemand stört sich daran, mit Hütchen oder Krönchen auf dem Kopf albern auszusehen. Man genießt ein festlich-fröhliches Christmas Dinner in ausgelassener Stimmung.

Christmas Crackers
Knallbonbons

Diese kunterbunten Knallbonbons dürfen an Weihnachten in Großbritannien nicht fehlen. Auch ich habe mich in diesen Brauch verliebt. An Weihnachten bekommt jeder Gast einen Christmas Cracker, der gefüllt ist mit netten Sprüchen, kleinen Süßigkeiten, Glitzer etc. Wenn man an beiden Enden zieht, zeigt sich unter einem Knall die Überraschung. Auch ein großer Spaß für Kinder!

Für 6 Christmas Crackers

6 Papprollen (z. B. von Küchenpapier), leer

1 Bogen Geschenkpapier

Geschenkband nach Wahl

Schere

Klebestift

Füllung nach Wahl, z. B. Schoko-Mandeln und Glitzersterne

1. Je Christmas Cracker eine Papprolle in drei Teile schneiden. Die beiden Enden dabei etwa halb so groß wie das Mittelteil schneiden.
2. Die drei Teile in einer Reihe auf das Geschenkpapier legen, dabei ca. 2 cm Abstand zwischen den Teilen lassen.
3. Das Geschenkpapier so zurechtschneiden, dass man die Papprollen-Teile einmal ganz umwickeln kann, und 1 cm überlappend zugeben.
4. Die Rollen vorsichtig auf dem Papier festkleben, anschließend einmal mit Papier umwickeln und nochmals verkleben.
5. Den ersten Zwischenraum zwischen den Rollen leicht zusammendrücken und mit Geschenkband zubinden. Nun über die andere Öffnung die Füllung hineingeben. Anschließend den Christmas Cracker mit Geschenkband verschließen.

GEMEINSAM FEIERN

Partyhütchen
mit Schleifenband

Bei vielen Briten ist der erste Weihnachtstag eine große Party, bei der sogar Partyhütchen getragen werden. Ein witziger Brauch, der hierzulande wohl eher zu Silvester passen würde. Die Hütchen kann man ganz einfach selbst basteln. Wenn man sie nicht tragen möchte, eignen sie sich auch gut als etwas andere Deko.

Für 4 Hütchen

1 Packung Bastelpapier, stabil, ca. 41 × 30 cm, gerne auch mit Glitzer

Geschenkband nach Wahl

Schere

Bleistift

Teller, ca. Ø 23–25 cm

Klebestift

1. Den Teller auf die Rückseite des Bastelpapiers legen und mit dem Bleistift umfahren. So erhält man einen perfekten Kreis.
2. Den Kreis ausschneiden und mittig einmal von links nach rechts und von oben nach unten falten, um den Mittelpunkt exakt zu bestimmen.
3. Von der Mitte nach außen ein dreieckiges „Tortenstück" vom Rand bis zur Mitte aufzeichnen und ausschneiden.
4. Aus den Geschenkbändern ein kleines Sträußchen binden und am unteren Ende verknoten.
5. Den Knoten in der Spitze des ausgeschnittenen Dreiecks feststecken und anschließend aus dem Kreis das Hütchen formen. Den Rand mit dem Klebestift bestreichen und gut zusammendrücken.

„Haus und Garten festlich geschmückt laden zum Verweilen ein."

GEMEINSAM FEIERN

Tischkarten
mit Ilex und Efeu

Bei uns zuhause sind Gäste immer mehr als willkommen. Ich liebe es, Freunde und Familie zu bewirten. Dazu gehört natürlich auch die entsprechende Tischdekoration, und wenn es besonders festlich sein soll, gerne auch Tischkarten. Am liebsten gestalte ich diese selbst. Das verleiht ihnen eine ganz persönliche Note, und ich kann die Kärtchen perfekt auf meine Deko abstimmen.

Für 6 Tischkärtchen

1 Bogen Tonpapier in Rot
Ilex- und Efeublätter
1 Lineal
Bleistift
Schere
Klebestift
Gelstift in Weiß oder Kreidestift

1. Auf dem Tonpapier die Karten mit Bleistift und Lineal in den Maßen 8 × 10 cm vorzeichnen. Ausschneiden.
2. Die Kärtchen in der Mitte falten und mit Ilex- oder Efeublättern bekleben.
3. Mit dem Namen der jeweiligen Gäste beschriften und an den entsprechenden Plätzen auf der Festtafel aufstellen.

Tipp: Eine schöne Idee ist es, Einladungskarten im selben Stil zu gestalten. Gerne verstecke ich unter den Tischkärtchen kleine Süßigkeiten für die Gäste.

Serviettenringe
aus Efeu

Ein liebevoll dekorierter Tisch gehört zu einem festlichen Weihnachtsessen einfach mit dazu. Mit ein paar einfachen Handgriffen kann man kostengünstig stilvolle Details einfach selbst zaubern und seine Gäste damit begeistern.

Für 6 Serviettenringe
6 Efeuranken
6 Stoffservietten

1. Jeweils eine Stoffserviette einrollen und anschließend auf eine Efeuranke legen.
2. Die Efeuranke mehrmals um die Serviette wickeln und anschließend die Enden ineinander feststecken. Wer mag, kann auch noch einen Farbtupfer mit Ilex-Beeren setzen oder kleine rote Schleifen hinzufügen.
3. Zum Schluss die Servietten mit dem Efeu auf der Festtafel auf oder neben den Tellern arrangieren.

Achtung!
Efeu ist giftig. Daher sollte man darauf verzichten, wenn man kleine Kinder oder Haustiere hat.

Dekorationen für draußen

Straßen und Gärten im Lichterglanz

In der Vorweihnachtszeit stellen viele Städte im Vereinigten Königreich große geschmückte Weihnachtsbäume an zentralen Plätzen auf, und auch die Schaufenster der Geschäfte und großen Warenhäuser sind mit **fantasievollen Dekorationen** und zuweilen ganzen Weihnachtsgeschichten geschmückt.

Ähnlich wie bei uns finden Weihnachtsmärkte statt, die Kitsch und Handwerkliches, Leckereien, Süßwaren und heiße Getränke wie Punsch anbieten. Oftmals sind diese Märkte von deutschen Weihnachtsmärkten inspiriert. Und es gibt viktorianische Weihnachtsmärkte, die das Flair des 19. Jahrhunderts wieder aufleben lassen.

Ebenso, wie sich die Städte im Dezember weihnachtlich schmücken, entfaltet sich auch in den Gärten und auf Terrassen und Balkonen ein weihnachtlicher Glanz. Im Vereinigten Königreich darf es zu Weihnachten dabei durchaus farbenfroh zugehen. Daher schmücken hier ab Anfang Dezember vielerorts bunte Lichterketten die Außenfassaden und verbreiten so eine ganz besondere Atmosphäre und farbenfrohen Lichtglanz.

Und überall zieren dann ganz traditionell Ilex, Efeu und Tannengrün in Kombination mit hübschen Schleifen die Häuser, wenn **Türkränze** an den Haustüren und Girlanden an Geländern und in Fensterrahmen aufgehängt werden. Der Weihnachtsschmuck außen ergänzt auf diese Weise stimmig die Weihnachtsdekoration der Innenräume. Überhaupt sieht man in vielen Außenbereichen Dekorationen aus Naturmaterialien wie kleine Bäumchen aus Tannengrün und Orangenscheiben zusammen mit stimmungsvoller Beleuchtung, sei sie elektrisch oder durch hübsche Windlichter. Selbst gemachte Eisherzen mit Ilexbeeren und Eisgläser bilden dekorative Blickfänge auf Terrassentischen und Balkonen. Sie finden sich auch in diesem Buch, und sie sind schnell gemacht!

Den gefiederten Gästen des Gartens wird mit liebevoll anfertigten Vogelfutter-DIYs ein Festmahl bereitet, das außerdem noch dekorativ den Gartentisch ziert. Und wenn die Carol Singers ihre Lieder vortragen, findet auch gerne ein vorweihnachtlicher Umtrunk im Nachbarschaftskreis statt und es werden Hot Toddy, Eggnog, Punsch und Mulled Wine dazu im festlich geschmückten Außenbereich gereicht.

Windlichter
im Tannenkleid

Kerzenschein und Windlichter schaffen sofort eine gemütliche und festliche Stimmung. Dekorierte Windlichter eignen sich im Garten als zauberhaft stimmungsvolle Deko, man kann sie aber auch wunderbar im Haus auf Fensterbänken oder als Tischdeko aufstellen. Auch hier gilt wieder meine Devise: Vorhandene Materialien nutzen und kostengünstig eine tolle Deko zaubern!

Für 2 Gläser

2 Gläser, unterschiedliche Größen

Tannengrün und Ilex

2 Haushaltsgummis

Geschenkband

Seil aus Jute

2 Weihnachtsanhänger, z. B. Zuckerstangen aus Glas

Gartenschere

1 Für diese einfache Dekoidee verwende ich gern vorhandene Weckgläser, du kannst aber natürlich auch ausgespülte Schraubgläser verwenden. Je einen Haushaltsgummi um ein Glas legen.

2 Das Tannengrün und die Ilexzweige etwas länger schneiden als die Gläser hoch sind, sodass die Zweige später über den Glasrand schauen.

3 Abwechselnd Tannengrün und Ilex zwischen das Gummi und das Glas stecken, bis das Glas einmal umrundet ist.

4 Jute-Seil oder Geschenkband so um das Glas wickeln, dass das Gummi nicht zu sehen ist. Mit einem Knoten oder einer schönen Schleife fixieren.

5 Zum Schluss auf Wunsch mit hübschen weihnachtlichen Anhängern dekorieren.

Eislichter
mit Wintergrün

Weiße Weihnacht, davon träume ich jedes Jahr. Seit ich denken kann, wünsche ich mir zu meinem Geburtstag, der am 23. Dezember ist, nichts mehr als Schnee zu Weihnachten. Inzwischen bin ich jedoch schon mit etwas Frost zufrieden, der die Landschaft aussehen lässt, als sei sie mit einer feinen Zuckerschicht überzogen. Wenn das alles nicht klappt, sind Eisgläser aber eine zauberhafte Dekoidee, die Väterchen Frost zumindest ein wenig in den weihnachtlichen Garten einziehen lässt.

Für 2 Gläser

2 Gläser mit geradem Rand (ich verwende Weckgläser)

Salz, grobkörnig

Wasser

Verschiedenes Grün, z. B. Ilex und Eibe

Band zum Dekorieren

1. Salz in die Gläser füllen, sodass der Boden gut bedeckt ist.
2. Anschließend mit etwas Wasser aufgießen. Das Wasser sollte das Salz etwas bedecken.
3. Nun braucht es nur noch Wärme und etwa 48 Stunden Geduld. Die Gläser an einen gleichmäßig warmen Ort stellen, am besten auf die Heizung. Wasser nach 24 Stunden bei Bedarf etwas aufgießen.
4. Nach ca. 48 Stunden ist das Glas mit Salzkristallen überzogen. Diese lassen das Glas aussehen, als ob es gefroren wäre.
5. Abschließend die Gläser mit Schleife und Zweigen nach Belieben verzieren.

Eisherzen
Deko-Anhänger

*Festliches Dekorieren muss bei mir definitiv auch im Garten sein.
Dabei sind mir natürliche Materialien ganz wichtig. Vieles findet sich sogar im eigenen
Garten oder kann ganz einfach und ohne große Kosten hergestellt werden. Wenn die
Temperaturen dann unter null Grad fallen, wird es Zeit für meine zauberhaften Eisherzen.
Sie sind im Nu fertig und machen kahle Bäume auch im Winter zum Hingucker.*

Für 4 Herzen

Silikon-Gebäckformen Herzen

Verschiedenes Grün, z. B. Ilex und Eibe

Rote Beeren, z. B. kleine Hagebutten

Band zum Aufhängen

1 Die Förmchen zunächst mit Wasser füllen. Dabei darauf achten, sie nicht ganz voll zu machen.

2 Anschließend beliebig Grün und Beeren zum Wasser in die Formen geben. Für eine schöne Anordnung in der Form die grüne Dekoration vorsichtig mit dem Finger hin und her schieben.

3 Für die Aufhänger vom Band vier gleichlange Stücke (ca. 20 cm) abschneiden und jeweils die Enden verknoten. Die Aufhänger mit dem Knoten ins Wasser legen, sodass sie darin festfrieren können.

4 Die Förmchen mit dem Wasser und der pflanzlichen Deko über Nacht durchgefrieren lassen. Bei Minusgraden geht das gut draußen auf der Fensterbank, ansonsten im Gefrierfach.

5 Wenn die Herzen gefroren sind, vorsichtig aus der Form lösen und im Garten aufhängen.

Vogelfutter
als Mini-Gugelhupf

Ich lebe sehr naturnah am Waldrand, und auch mein Garten ist sehr naturbelassen. Gerade in den Wintermonaten herrscht dadurch immer reger Betrieb an den Futterstellen der Vögel. Es macht Spaß, sie dabei zu beobachten, und mit dem selbst gemachten, äußerst dekorativen Vogelfutter kann man sie zusätzlich verwöhnen.

Für ca. 8 Vogelfutter-Küchlein

250 g Kokosfett

350 g Vogelfutter, gemischt

Silikon-Gebäckformen Mini-Gugelhupf

Band zum Aufhängen

1 Das Kokosfett in einem Topf schmelzen. Anschließend die Vogelfuttermischung gut unterrühren.

2 Die noch warme Masse in die bereitgestellten Förmchen geben und vollständig auskühlen lassen. Dazu die Förmchen am besten über Nacht ins Freie stellen.

3 Die fest gewordenen Mini-Gugelhupfe vorsichtig aus den Silikonformen drücken. Abschließend mit einem dekorativen Band an Bäumen oder Sträuchern befestigen oder einfach dekorativ auf einem Tisch mit etwas Tannengrün und kleinen Äpfeln arrangieren.

Der Duft nach frisch gebackenen Plätzchen, nach Zimt und Orange ist für uns untrennbar mit Weihnachten verbunden. Die süßen, warmen Aromen lassen uns unweigerlich an glückliche Kindertage denken, in denen Weihnachten eine Zeit freudvoller Erwartung war. Und tatsächlich: Was gibt es Schöneres, als knusprige Plätzchen zu backen und dann das fertige Backwerk liebevoll zu verzieren? Auf das Weihnachtsessen schließlich freuen sich wirklich alle. Jede Nation und wiederum jede Familie hat hierbei ihre eigenen Traditionen: wundervolle, aufwendige Gerichte, die es eben nur zu Weihnachten gibt. In Großbritannien besteht das klassische Weihnachtsessen meist aus Truthahn „with all the trimmings", also mit einer ganzen Reihe von Beilagen von der Soße über die Füllung, die häufig auch zusätzlich gereicht wird, bis hin zu knusprigen Ofenkartoffeln. Aber auch hier gibt es natürlich regionale Unterschiede und persönliche Vorlieben.

Zum Tee werden ganz traditionell unter anderem die köstlichen kleinen Mince Pies und anderes süßes Gebäck gereicht. Und da im Vereinten Königreich die Weihnachtsfeierlichkeiten oftmals fast schon Partycharakter haben, wird der Abend mit einer Runde Drinks eingeläutet, von denen hier einige weihnachtliche Varianten vorgestellt werden. Dazu oder als Vorspeise zum Christmas Dinner werden diverse kleine Leckereien aufgetischt, z. B. die berühmten „Pigs in Blankets", die Würstchen im Speckmantel.

Und jetzt gilt es, die Vorfreude in die Tat umzusetzen – viel Freude beim Backen, Kochen und Zubereiten für dieses wunderbare Fest!

A Christmas Carol

„‚Oh, a wonderful pudding!' Bob Cratchit said, and calmly too, that he regarded it as the greatest success achieved by Mrs. Cratchit since their marriage ... Everybody had something to say about it, but nobody said or thought it was at all a small pudding for a large family."

Charles Dickens

Christmas Feast

Festliches Weihnachtsessen

Die Vorbereitungen für das festliche Weihnachtsessen beginnen im Vereinigten Königreich am 24. Dezember, denn anders als bei uns findet das Weihnachtsessen im Kreis von Familie und Freunden meist erst am Christmas Day, also dem 25. Dezember, am späten Nachmittag oder am frühen Abend statt.

Ein klassisches Weihnachtsmenü besteht in der Regel aus Vorspeisen, den sogenannten Christmas Starters, einem gefüllten Truthahn, dem Roast Turkey, mitsamt verschiedenen Beilagen als Hauptgang und dem berühmten Plum Pudding, dem Weihnachtspudding, als Dessert.

Zu den beliebtesten **Christmas Starters** gehören Gerichte wie Smoked Salmon (Räucherlachs) oder Prawn Cocktail (Krabbencocktail) oder auch Pigs in Blankets. Bei Letzteren handelt es sich um in Frühstücksspeck gerollte Würstchen, die auch sehr gerne als Beilage zu Geflügelbraten gereicht werden. Auch kleine Blätterteigrollen, die mit Wurstbrät gefüllt werden, kommen gerne zusammen mit Potted Cheese, einem traditionellen Topfkäse, auf den Tisch. Fehlen dürfen dann auch meist nicht die Devils on Horseback. Hierbei handelt es sich um mit Nüssen oder Käse gefülltes Trockenobst, meist Pflaumen oder Datteln, das mit Frühstücksspeck umwickelt und gebraten wird.

Der **Roast Turkey** ist heute der klassische Weihnachtsbraten überhaupt im Vereinigten Königreich. Bis ins 19. Jahrhundert war dies wie bei uns die Roast Goose, die Weihnachtsgans. Doch das änderte sich in der Viktorianischen Zeit, und der Roast Turkey ist seither der beliebteste Weihnachtsbraten, der gerne mit Stuffing gegessen wird. Für diese Füllung gibt es die verschiedensten Rezepte, z. B. mit Hackfleisch, Brotstückchen, Kastanien, Trockenobst und vielem mehr.

Wem der Sinn nicht nach Truthahn steht, serviert an den Festtagen wie bei uns die Weihnachtsgans, alternativ den Entenbraten oder tischt den Weihnachtsschinken, den sogenannten Christmas Ham, auf. Aber auch Wildbraten, würzige Rindfleisch-Gerichte oder Lachs können

als Hauptgang gereicht werden. Als Beilagen serviert man zum Weihnachtsbraten sehr gerne Rosenkohl oder andere klassische Wintergemüse wie Möhren, Pastinaken, Rote Bete oder Rotkohl. Auch die Roast Potatoes als gebackene Kartoffeln dürfen nicht fehlen. Bei den Soßen sind u. a. Cranberry Sauce und Cumberland Sauce sehr beliebt, aber auch Kastanien verarbeitet man gerne in der Weihnachtssoße. Und falls etwas übrig bleibt, werden die Reste des Bratens häufig zur Füllung deftiger Christmas Pies verwendet.

Ist man dann beim Dessertgang angelangt, so kommt im Vereinigten Königreich sehr gerne das bei uns sicherlich bekannteste britische Weihnachtsgericht überhaupt auf den Tisch: der **Plum Pudding**. Dieser reichhaltige Kuchen wird aus einer Mischung aus Nüssen, Eiern, Rosinen, Zuckersirup, Zucker, Mehl und allerlei Gewürzen und oft auch Brandy zubereitet. Er wird gedämpft oder im Wasserbad gegart und darf dann ruhen. Erst vor dem Servieren erhält er seinen krönenden Abschluss, denn nachdem er vorsichtig im Wasserbad erwärmt wurde, flambiert man ihn mit Brandy und serviert ihn dann mit Brandy Sauce oder Brandy Butter. Gerne wird neben dem klassischen Plum Pudding zudem auch der Christmas Cake, der Weihnachtskuchen, gereicht. Auch bei diesem ist häufig neben den üblichen Zutaten wie Mandeln und Trockenobst Brandy mit im Spiel.

Das sogenannte Christmas Trifle ist ein Schicht-Dessert, das gerne an Weihnachten gegessen wird, genauso wie der Dundee Cake, ein traditioneller schottischer Kuchen aus getrocknetem Obst und Mandeln. Zum Weihnachtsdessert wird meist Portwein oder Whisky gereicht.

Insgesamt ähnelt das Weihnachtsessen eher einer fröhlichen Party als einem festlichen Dinner, denn während des Essens werden die Christmas Crackers zum geräuschvollen Zerreißen gebracht, und die ganze Tischgesellschaft trägt häufig auch Papierkronen. Dementsprechend ist dann auch die Tischdekoration häufig sehr farbenfroh, und kleine Geschenke, die neben die Teller miteingedeckt werden, tragen zusammen mit dem Kopfschmuck und den Christmas Crackers zur ausgelassenen Stimmung der Gäste bei.

Graved Salmon
Gebeizter Lachs

Gerade an den Festtagen darf es gerne auch mal etwas ganz Besonderes sein. Und dies gilt umso mehr, wenn man Gäste hat. Gebeizter Lachs ist eine absolute Delikatesse und bei allen äußerst beliebt. Wieso die Gäste also nicht einmal ganz besonders verwöhnen und zudem noch beeindrucken mit selbst gebeiztem Lachs? Das ist nämlich gar nicht so schwer.

Für 4 Portionen

1 Auflaufform

1 kg sehr frischen Lachs mit Haut

4 TL Honig

3 EL grobes Meersalz

1 EL Wacholderbeeren

2 TL Pfefferkörner

Mörser

4 Stängel frischer Dill

1. Den Lachs waschen und trocken tupfen.
2. Dill fein hacken, Pfeffer und Wacholderbeeren im Mörser fein mahlen.
3. Honig, Salz und die gemahlenen Gewürze zu einer zähflüssigen Paste verrühren.
4. Den Lachs in eine Auflaufform geben und von beiden Seiten mit der Kräuterpaste einstreichen. Abschließend mit Dill bestreuen.
5. Für 48 Stunden im Kühlschrank durchziehen lassen. Nach der Hälfte der Zeit den Lachs wenden.
6. Zum Servieren den Lachs mit einem scharfen Messe in feine Scheiben schneiden und mit etwas frischem Dill dekorieren.

Pigs in Blankets
Würstchen im Speckmantel

Deftige Kleinigkeiten sind immer willkommen, sei es als Vorspeise zum Christmas Dinner oder als leckerer Snack zu den Drinks. Diese Würstchen im Speckmantel sind schnell gemacht – und der Duft lässt das Wasser im Munde zusammenlaufen!

Für 12 Stück

12 kleine Würstchen

12 Scheiben Frühstücksspeck

3 EL Honig

Backpapier

1. Den Ofen auf 200 °C (Ober- und Unterhitze) vorheizen.
2. Jedes Würstchen in eine Scheibe Räucherspeck einrollen und auf ein mit Backpapier ausgelegtes Backblech legen.
3. Die vorbereiteten Würstchen für ca. 15 Minuten im Ofen braten.
4. Anschließend die Würstchen mit Honig bestreichen und weitere 5 Minuten in den Ofen geben.

Roasted Celeriac Soup
Selleriesuppe

Eine gute Suppe wärmt bekanntlich nicht nur den Körper, sondern auch die Seele. Seit meiner Kindheit liebe ich Suppen, und gerade in der kalten Jahreszeit, vielleicht nach einem Spaziergang im Schnee, tut ihr Genuss aus der Kälte kommend besonders gut. Oder natürlich als Vorspeise eines mehrgängigen Weihnachtsmenüs.

Für 8 Portionen

- 600–700 g Knollensellerie
- 4 Knoblauchzehen
- 1 kleine Zwiebel
- 4 EL Olivenöl, kaltgepresst
- 300 ml Hühnerbrühe
- 700 ml Gemüsebrühe
- 50 g Haselnusskerne, geröstet und gehackt
- 2 EL Sahne
- Rosmarin, frisch
- Pürierstab
- Salz
- Pfeffer, weiß

1. Den Backofen auf 200 °C (Ober- und Unterhitze) vorheizen.
2. Sellerie mit dem Messer schälen und in mittelgroße Stücke schneiden. Knoblauch und Zwiebel ebenfalls schälen und in Stücke schneiden.
3. Gemüse in einen Bräter geben und mit Olivenöl beträufeln. Das Gemüse ca. 40 Minuten im Ofen garen, dabei ein- bis zweimal wenden.
4. Die Brühe erhitzen (wer keine Hühnerbrühe mag, nimmt alternativ 1000 ml Gemüsebrühe) und das Ofengemüse hineingeben.
5. Alles ca. 20 Minuten bei mittlerer Hitze köcheln lassen. Vom Herd nehmen und anschließend fein pürieren.
6. Nach Geschmack mit Salz und Pfeffer würzen und mit einem Schuss Sahne, Haselnusskernen und etwas Rosmarin dekoriert servieren.

Roasted Turkey
mit Weihnachtssoße, Rosenkohl, Kartoffeln und Karotten

Weihnachten ist das Fest der Familie. Das ist mir unglaublich wichtig, und so wird es hier auch jedes Jahr zelebriert. Die Kinder stehen mit leuchtenden Augen vor dem Weihnachtsbaum, und die Erwachsenen freuen sich auf gemeinsame Stunden mit guten Gesprächen und vor allem auch gutem Essen.
Das weihnachtliche Highlight beim Weihnachtsmenü ist der alljährliche Truthahn. Die aufwendige Zubereitung lohnt sich allemal, denn dieser Gaumenschmaus sollte zu Weihnachten nicht fehlen. Wer die Zubereitung clever plant und aufteilt, erspart sich Stress und wird mit glücklich gesättigten Gästen belohnt. Damit der Truthahn im Laufe der Garzeit nicht austrocknet, stelle ich eine leckere Kräuterbutter her, die ich unter seine Haut streiche. Die Aromen der Kräuter geben ihm zusätzlich noch den letzten Schliff.

Für die Weihnachtssoße
(Vorbereitung am Vortag)

2–3 Karotten

½ Knollensellerie mittlerer Größe

2–3 Zwiebeln

4–5 Knoblauchzehen

Truthahninnereien, z. B. Herz, Leber, Hals

6–8 Hähnchenflügel

2 EL Öl

1 EL Mehl

400 ml Gemüsefond

Gartenkräuter, frisch, z. B. Lorbeer, Salbei, Thymian, Rosmarin

Eine Handvoll Wacholderbeeren

8–10 Scheiben Schweinespeck

Ofenfeste Form

CHRISTMAS FEAST

1. Ofen auf 200 °C (Umluft) vorheizen.
2. Die Hähnchenflügel mit etwas Öl einstreichen zusammen mit den Innereien des Truthahns in eine geölte Auflaufform geben.
3. Gemüse grob in Stücke schneiden und gemeinsam mit den Gartenkräutern, den Wacholderbeeren und dem Speck zu den Hähnchenflügeln und Innereien geben.
4. Für 1 Stunde im Ofen garen, dann alles zerstampfen, mit dem Geflügelfond aufgießen mit einem EL Mehl andicken.
5. Am Folgetag die Soße erhitzen, abschmecken und die Geflügelteile entfernen. Eventuell Bratensaft des Truthahns hinzufügen und vor dem Servieren durch ein feines Sieb streichen.

Für 250 g Kräuterbutter für den Truthahn

250 g Butter, weich

Kräuter nach Belieben, z. B. Salbei, Thymian und Rosmarin

1. Die Butter sollte Zimmertemperatur haben, damit sie sich leichter mit den Kräutern verarbeiten lässt.
2. Eine Handvoll Kräuter fein hacken und mit der Butter vermengen. Die Butter abschmecken und evtl. etwas Salz und Pfeffer dazugeben. Wenn Butter übrig ist, schmeckt sie auch hervorragend auf frischem Brot!

Für 1 Truthahn

1 Truthahn, ca. 7 Kilo

250 g Butter, weich

Gartenkräuter, frisch, z. B. Salbei, Thymian, Rosmarin

1–2 Bio-Orangen

Alufolie

1. Backofen auf 180 °C (Umluft) vorheizen. Diese Temperatureinstellung unbedingt einhalten!
2. Die Kräuter fein hacken und mit der Butter zu einer Kräuterbutter vermengen.
3. Die Kräuterbutter behutsam unter die Haut des Truthahns streichen. Die Butter schützt den Truthahn während der Garzeit vor dem Austrocknen und verhindert, dass die Haut reißt.
4. In das Innere des Truthahns gebe ich je nach Platz 1–2 Bio-Orangen. Das ergibt ein zartes Aroma, und das Fleisch bleibt schön zart.
5. Den Truthahn auf ein Bratgitter über einen Bräter legen. Dadurch werden die Bratensäfte aufgefangen, die später dann zu der bereits am Vortag vorbereiteten Soße gegeben werden. Auf mittlerer Schiene 3,5 Stunden lang im Ofen braten.
6. Nach Ende der Garzeit den Truthahn gut in Alufolie wickeln, mit einem Küchentuch abdecken und 1 Stunde ruhen lassen. Währenddessen bleibt Zeit, die Beilagen zuzubereiten.

1. Den Rosenkohl schälen und in Salzwasser für 12–15 Minuten kochen.
2. Währenddessen Apfel und Zwiebel schälen und in kleine Stück schneiden. Etwas Öl in einer Pfanne erhitzen.
3. Rosenkohl, Äpfel, Zwiebel und Speck für ca. 10 Minuten in der Pfanne andünsten. Nach Belieben mit Salz und Pfeffer würzen.

Für 4 Portionen Rosenkohl

500 g Rosenkohl

10 Scheiben Räucherspeck

1 Apfel

1 Zwiebel

2 EL Öl

Salz

Pfeffer

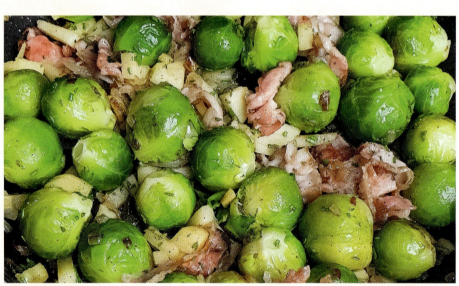

Für 12 Ofenkartoffeln

12 Kartoffeln, mehlig kochend

5–6 Knoblauchzehen

Gartenkräuter, frisch, z. B. Thymian, Rosmarin, Salbei

Salz

2 EL Öl

1. Ofen auf 180 °C (Ober- und Unterhitze) vorheizen.
2. Die Kartoffeln waschen und in Salzwasser ca. 10 Minuten vorkochen.
3. Die Kräuter fein hacken und die Knoblauchzehen schälen. Die Kartoffeln schälen und halbieren und in eine geölte Auflaufform geben. Die Knoblauchzehen und Kräuter dazugeben, alles mit Öl beträufeln und mit Salz und Pfeffer würzen.
4. Die Kartoffeln ca. 1 Stunde im Ofen garen. Im Anschluss etwas platt drücken und nochmals 15 Minuten lang zurück in den Ofen geben.

Für 4 Portionen glasierte Möhren

1 Kilo Möhren

5–6 Knoblauchzehen

50 g Butter

2 EL Honig

Kräuter, frisch, z. B. Rosmarin, Salbei

Salz

Pfeffer

1. Den Ofen auf 180 °C (Umluft) vorheizen.
2. Die Möhren schälen und 10 Minuten lang in Salzwasser vorkochen.
3. Die vorgekochten Möhren in Streifen schneiden, Kräuter fein hacken und Knoblauch schälen.
4. Butter in einer Bratenform zerlassen, Möhren, Knoblauch und Kräuter hinzufügen. Salzen und pfeffern. Alles mit etwas Honig beträufeln und 10 Minuten im Ofen garen.

Caramel Trifle
Karamelliges Dessert

Süße Leckereien gehören einfach zur Weihnachtszeit. Neben dem obligatorischen Weihnachtsgebäck steht das süße Caramel Trifle bei uns ganz hoch im Kurs. Das super leckere Schichtdessert sollte unbedingt in einer Glasschüssel zubereitet und serviert werden, denn schon beim Anblick der einzelnen Schichten wird den Gästen das Wasser im Mund zusammenlaufen – dabei ist die Zubereitung ganz einfach.

Für 10 Portionen

- 300 g weiche Karamellbonbons
- 200 ml Milch
- 450 g Butterspekulatius
- 500 g Sahne
- 500 g Frischkäse
- 120 g Agavendicksaft
- 1,5 TL Zimt
- ½ TL Ingwer

1. Die Karamellbonbons klein hacken und in 100 ml Milch schmelzen. Anschließend auskühlen lassen.
2. Die Kekse fein zerbröseln, und den Frischkäse mit dem Sirup und den Gewürzen vermengen. Anschließend die restliche Milch unterrühren.
3. Sahne steif schlagen und vorsichtig unter die Creme heben. Nicht rühren!
4. Zerbröselte Spekulatius, Karamellsoße und Sahne-Frischkäse-Creme in Schichten abwechselnd in eine Glasschale schichten.
5. Als Topping Keksbrösel und Soße verwenden. Das fertige Dessert bis zum Servieren in den Kühlschrank stellen.

Plum Pudding
mit Brandy Sauce

Plum Pudding oder auch Christmas Pudding wird traditionell zum 1. Weihnachtsfeiertag gereicht. Serviert wird er klassisch mit einer Brandy Sauce. Ganz anders als der uns bekannte Pudding wird der üppig mit Trockenobst gefüllte Plum Pudding im Wasserbad gekocht und erhält so seine ganz besondere Konsistenz. Abgerundet wird der Geschmack durch das Servieren mit Brandy Butter oder Sauce.

Für 1 Plum Pudding

200 g Sultaninen

70 g Backpflaumen

100 g Datteln

1 Apfel

3 EL Rum

50 g Pflanzenfett

60 g Semmelbrösel

50 g Mehl

40 g brauner Zucker

2 Eier (Größe M)

50 g Haselnüsse, gehackt

½ TL Nelken, gemahlen

1 TL Zimt

½ TL Muskat

Butter zum Einfetten

Alufolie

Puddingform

1. Die Backpflaumen und Datteln klein schneiden. Apfel fein würfeln. Sultaninen, Pflaumen, Datteln und Äpfel vermischen und mit Rum übergießen.
2. Für 1 Stunde ziehen lassen.
3. Fett in kleine Stücke schneiden, mit Semmelbröseln (einen kleinen Teil für die Form aufheben), Mehl, Zucker und Eiern vermengen und unter die in Rum getränkten Trockenfrüchte heben.
4. Eine Puddingform leicht einfetten und mit Semmelbröseln bestreuen. Puddingmischung hineingeben.
5. Die Form fest mit Alufolie verschließen und den Pudding ca. 3 Stunden im heißen Wasserbad ziehen lassen.
6. Während der Ziehzeit immer wieder Wasser nachgießen, da dieses mit der Zeit verdunstet.
7. Den Pudding nach 3 Stunden aus dem Wasserbad nehmen und etwas abkühlen lassen. Anschließend vorsichtig aus der Form auf ein Kuchengitter stürzen und abkühlen lassen.

Tipp: Es gibt auch verschließbare Puddingformen speziell für Plum Pudding.

Für die Brandy Sauce
110 g brauner Zucker
125 g Butter, weich
6 EL Brandy
1 Päckchen Vanillezucker

1. Weiche Butter mit braunem Zucker, Vanillezucker und Rum zu einer Soße verrühren und anschließend eine halbe Stunde in den Kühlschrank stellen.
2. Vor dem Servieren des Puddings die Soße über oder neben den Pudding gießen.

CHRISTMAS FEAST

Christmas Treats

Süßes für die Weihnachtszeit

Wie auch bei uns versüßt man sich im Vereinigten Königreich die Adventszeit gern mit den verschiedensten Leckereien. Neben den typisch britischen Gerichten für das Christmas Dinner sind natürlich ganz besonders die süßen Köstlichkeiten und Gaumenschmeichler von Bedeutung. Zum **Nachmittagstee** gereicht und auch mal zum Naschen zwischen den Mahlzeiten stibitzt, kann ohne sie gar keine rechte Weihnachtsstimmung aufkommen – sie gehören einfach dazu! Christmas Porridge zum Beispiel wurde traditionell am 22. Dezember zubereitet und enthielt, so ungewohnt das für uns klingen mag, neben Brot, getrockneten Früchten, Gewürzen und Wein auch Fleischbrühe. Ganz besonders exemplarisch für die Weihnachtszeit in Großbritannien stehen damals wie heute aber die **Mince Pies**. Ursprünglich ebenfalls mit Fleisch bzw. Rinderfett zubereitet, hat sich heute die süße Variante durchgesetzt. Daher ist auch die Füllung der Pies, das Mince Meat, vom Begriff her eigentlich gehacktes Fleisch, heute eine Mischung aus klein gehacktem Trockenobst und Nüssen. Früher war es üblich, das Mince Meat am 1. Dezember zuzubereiten. Wem es dann gelang, bis zum Christmas Day am 25. Dezember zwölf Mince Pies zu verspeisen, der sollte das gesamte nächste Jahr lang Glück haben. Aber auch Leckereien, die es nicht nur an Weihnachten gibt, haben in der Adventszeit Hochkonjunktur, nimmt man sich doch ganz besonders jetzt die Zeit, mit Familie und Freunden beisammenzusitzen. **Fruit Bread**, reichhaltiges Früchtebrot, und Shortbread, buttriges Gebäck aus Schottland, werden da ebenso gern gegessen wie Scones, kleine Teebrötchen,

mit köstlicher Clotted Cream, einer Art dickem Streichrahm.
In der viktorianischen Zeit, in der in Großbritannien das Weihnachtsfest erst zu dem fröhlichen Familienfest wurde, das es heute ist, hatten weite Teile der Gesellschaft sehr wenig Geld zur Verfügung. Gekaufte Geschenke gab es damals wenig oder gar nicht. Also freute man sich umso mehr über selbst gemachte Geschenke, von kleinen Näharbeiten über gestrickte Socken bis hin zu süßen **Leckereien**. Das konnte ein Fruit Bread sein, ein Glas Orangenmarmelade, selbst gemachte Toffees oder Peppermint Drops. Der Fantasie waren keine Grenzen gesetzt – und auch die Ergebnisse der folgenden Rezepte können wunderbar dekorativ eingepackt und verschenkt werden – wenn sie nicht vorher aufgegessen sind …

Fruit Bread
mit Ingwer und Cranberrys

Ein Klassiker zu Weihnachten ist das Fruit Bread, zu Deutsch Früchtebrot. Ein wenig erinnert es mich an unsere in Deutschland beliebten Christstollen, weil es ebenfalls jede Menge Trockenfrüchte enthält. Ich mag es sehr zu Weihnachten. Allerdings sollte es eine ganze Zeit lang ziehen, weil es dann wesentlich besser schmeckt als frisch gebacken serviert. Man kann es also ganz hervorragend bereits im Vorfeld zubereiten.

Für 1 Kastenform, 12–14 Stücke

- 100 g Orangeat
- 100 g Zitronat
- 200 g Cranberrys
- 200 g Rosinen
- 100 g Haselnüsse
- 3 EL Rum
- ½ Päckchen Backpulver
- 4 Eier (Größe M)
- 150 g Honig
- 250 g Mehl
- 1 TL Zimt
- ½ TL Ingwer
- Butter zum Einfetten
- Kastenform (26 × 12 × 8 cm)

1. Früchte mischen und mit 3 EL Rum übergießen. Dann 1 Stunde lang durchziehen lassen.
2. Ofen auf 180 °C (Ober- und Unterhitze) vorheizen.
3. Die Eier schaumig rühren. Honig, Mehl, Backpulver und Gewürze dazugeben und unterrühren.
4. Anschließend die Haselnüsse und die Rumfrüchte unterheben. Teig in eine gefettete Kastenform geben.
5. Im vorgeheizten Ofen ca. 40 Minuten lang backen. Um zu prüfen, ob das Früchtebrot durch ist, eine Stäbchenprobe mit einem dünnen Holzstab machen. Fertiges Früchtebrot herausnehmen und zum Auskühlen auf ein Kuchengitter stürzen.

Mince Pies
mit Mince Meat

Die Füllung der traditionell englischen Mince Pies bestand ursprünglich aus einer Mischung aus Fleisch und getrockneten Früchten. Ich bevorzuge die süße Variante des Mince Meats und stelle diese aus verschiedenen Trockenfrüchten und Mandeln her. Das süße Gebäck ist perfekt für den Nachmittagstee in der Weihnachtszeit.

Für ca. 12 Mince Pies

Für selbst gemachte Mince Meat-Füllung:

60 g getrocknete Aprikosen

50 g Cranberrys

50 g Sultaninen

60 g Datteln

50 g gehackte Mandeln

½ TL Zimt

2 EL brauner Zucker

200 ml Wasser

5 EL Weinbrand

1. Früchte klein hacken und anschließend mit den Mandeln vermischen.
2. 200 ml Wasser aufkochen und die Früchte-Mandel-Mischung hineingeben.
3. Zimt und Zucker dazugeben und anschließend mit dem Weinbrand ablöschen.
4. Auskühlen lassen.

Für den Teig:

Muffinform

160 g Butter

210 g Mehl

1 Prise Salz

2 EL Zucker

1 Eigelb

Butter zum Einfetten

1. Alle Zutaten zügig gut verkneten und anschließend in Klarsichtfolie eingewickelt für 1 Stunde in den Kühlschrank stellen.
2. Den Backofen auf 180 °C (Umluft) vorheizen.
3. Den Teig ausrollen und Kreise (Ø 8 cm) ausstechen. Dafür eignet sich z. B. ein Glas in entsprechender Größe.
4. Eine Muffinform mit Butter einfetten und mit Mehl bestäuben und je einen Teigkreis in eine Vertiefung der Form legen.
5. Je ca. 1,5 EL Mince Meat als Füllung auf die Kreise geben.
6. Als Deckel ein weihnachtliches Motiv mit einem Plätzchenausstecher aus dem restlichen Teig ausstechen und auf die Füllung legen.
7. 30 Minuten lang im vorgeheizten Backofen 180 °C goldgelb backen und auf einem Kuchengitter auskühlen lassen.

„Nun ist die Zeit für gemütliche Stunden im Kreise der Liebsten."

Orange Cakes
mit Zuckerguss

Zu jedem Festtag gehört Kuchen, egal ob als Nachspeise eines tollen Menüs oder ganz traditionell zum Nachmittagskaffee oder Tee. Dabei muss es gar nicht immer ein klassischer Kuchen oder eine Torte sein. Wie wäre es denn mit kleinen, handlichen, nach Orangen duftenden Orange Cakes? Meine Tochter liebt die kleinen, süßen Küchelchen, die nicht nur lecker schmecken, sondern auch noch zauberhaft aussehen.

Für ca. 12–15 Küchlein

Minigugelhupf-Förmchen aus Silikon

75 ml Sonnenblumenöl

3 Eier (Größe M)

150 g brauner Zucker

1 TL Backpulver

1 Bio-Orange (Saft)

60 ml Milch

150 g Mehl

Butter zum Einfetten

Für den Zuckerguss

150 g Puderzucker

1 Bio-Orange (Saft)

Orangenzesten aus der Schale

1. Die Bio-Orange auspressen. Öl, Eier und Zucker zu einem glatten Teig verruhren.
2. Mehl, Backpulver, den Saft der Orange und die Milch abwechselnd dazugeben und unterrühren. Dabei mit den festen Zutaten beginnen und enden.
3. Den Backofen auf 175 °C (Ober- und Unterhitze) vorheizen.
4. Den Teig in die Silikonförmchen füllen, evtl. diese vorher leicht einfetten.
5. 15 Minuten lang backen, bis die Orange Cakes eine schöne, goldbraune Farbe haben.
6. Küchelchen auf einem Kuchengitter auskühlen lassen und vorsichtig aus den Förmchen nehmen.
7. Für den Guss eine weitere Bio-Orange auspressen und Orangenzesten aus der Schale der Orange schneiden. Anschließend aus 150 g Puderzucker und 6 EL Saft den Orangenguss herstellen. Über die erkalteten Küchlein geben und sofort mit Orangenzesten verzieren.

Scones
mit Clotted Cream

Scones sind unverzichtbar in der englischen Küche. Traditionell werden sie mit Clotted Cream und Marmelade zur Tea Time serviert. Ich bevorzuge Erdbeermarmelade zu den, wie wir wahrscheinlich sagen würden, kleinen fluffigen Brötchen, deren Herstellung denkbar einfach ist. Knifflig und zeitaufwendig ist die Clotted Cream, deren Herstellung sich jedoch definitiv lohnt.

Für die Clotted Cream
250 g Sahne
2 ofenfeste Formen in unterschiedlichen Größen, sodass sie ineinander gestellt werden können.

1 Die Sahne in eine ofenfeste Form gießen. Dann eine etwas größere ofenfeste Form 2–3 cm hoch mit Wasser füllen und die Form mit der Sahne hineinstellen.

2 Das Ganze dann für 9 Stunden bei 70 °C (Ober- und Unterhitze) im Backofen stocken lassen.

3 Aus dem Backofen nehmen und abkühlen lassen. Anschließend die Form mit der Sahne mindestens 12 Stunden lang kaltstellen. Auf keinen Fall umrühren!

4 Die obere feste Schicht ist die Clotted Cream. Vorsichtig abnehmen und bis zum Servieren kaltstellen. Die Creme hält sich im Kühlschrank für mehrere Tage.

Tipp: Den Rest, die noch flüssige Sahne, kann man später sehr gut für einen Teig oder für Soßen verwenden.

Für 8 Scones

250 g Mehl

1 EL Backpulver

1 EL brauner Zucker

Prise Salz

70 g Butter, kalt

150 ml Milch

1 Ei

Ausstecher, rund, oder Trinkglas

1. Den Backofen auf 180 °C (Ober- und Unterhitze) vorheizen.
2. Mehl, Backpulver, Zucker und Salz vermischen. Dann zügig mit der kalten Butter verkneten und die Milch unterheben.
3. Den Teig auf einer bemehlten Arbeitsfläche ca. 3–4 cm dick ausrollen und Kreise ausstechen. Dies geht gut mit einem runden Ausstecher, ich verwende dafür aber gerne ein Wasserglas.
4. Die Scones auf ein mit Backpapier belegtes Backblech legen und mit einem verquirlten Ei bestreichen. Dann für ca. 15–20 Minuten goldbraun backen.

Am besten noch warm mit Erdbeermarmelade und Clotted Cream genießen.

Shortbread
Einfach und köstlich!

Shortbread ist ein absoluter Klassiker und in England eine der wohl beliebtesten Gebäckarten. Die Herstellung ist kinderleicht, und innerhalb kürzester Zeit sind die leckeren „Shortbread Fingers" hier verspeist und das nicht nur zur „Tea Time", sondern gerne auch einfach mal zwischendurch.

1. Zucker, Mehl und Salz vermischen. Die Butter in kleinen Flocken dazugeben und alles zu einem glatten Teig verkneten.
2. Den Teig abgedeckt im Kühlschrank mindestens 1 Stunde lang ruhen lassen.
3. Anschließend den Teig ca. 1 cm dick ausrollen. Ideal ist eine Rechteck-Form, denn das erleichtert das Schneiden im Anschluss.
4. Mit einem scharfen Messer Streifen von ca. 2 cm Breite und 6 cm Länge schneiden und mit einer Gabel dekorativ einstechen.
5. Bei 150 °C Ober- und Unterhitze ca. 30–35 Minuten backen.

Für ca. 20 Shortbread Fingers

100 g brauner Zucker
200 g Butter
300 g Mehl
¼ TL Salz

Christmas Drinks

Weihnachtliche Seelenwärmer

Die Feierlichkeiten rund ums Weihnachtsfest sind im Vereinigten Königreich wie bereits beschrieben eher eine fröhliche Angelegenheit. Vor dem Essen werden als **Aperitif** üblicherweise Portwein und Sherry gereicht. Aber auch klassische **Weihnachtscocktails** dürfen natürlich nicht fehlen, sei es als Aperitif oder bei der typisch britischen eleganten Cocktail Party. Christmas Cocktails enthalten als Basis zumeist Gin oder Whisky, ergänzt um Zutaten wie Cranberrys, Ingwer, Granatapfelsaft oder Cider. Auch **heiße Drinks** sind in der kalten Jahreszeit sehr beliebt. So genießt man in der Weihnachtszeit am Nachmittag nach einem langen Spaziergang oder am Abend nach dem Essen auch gerne einen Eggnog aus Eiern und Sahne. Beim Empfang der Carol Singers gibt es so traditionelle Drinks wie Mulled Ale, Mulled Cider (mit Gewürzen und Zucker erwärmtes Bier oder Apfelwein) oder Punsch. Und bei nebligem, kühl-regnerischem Wetter greift der Brite dann auch immer gerne mal zu einem **Hot Toddy**, einem heißen Whisky, oder zu einer heißen Schokolade mit Schlehen-Gin.

Die Tradition des gewürzten Weins, Apfelweins oder auch Biers (Ale) lässt sich dabei bis in das Mittelalter hinein zurückverfolgen. Bereits in dieser Zeit wurden Wein oder Apfelwein mit Zucker und Gewürzen aromatisiert und in den Wintermonaten serviert, wobei die Zutaten je nach Region unterschiedlich ausfallen. Ein Rezept für einen klassischen **Weihnachtspunsch** findet sich deshalb auch in diesem Buch.

Eggnog
Eierpunsch mit Sahne

Seit zwei Jahren haben wir nun eigene Hühner. Ein lang gehegter Wunsch ging damit für uns in Erfüllung, und wir möchten unser liebes Federvieh nicht mehr missen. Außerdem haben wir nun natürlich täglich die frischesten Eier. In der Weihnachtszeit entsteht so das eine oder andere Mal auch leckerer Eggnog, den man hübsch verpackt übrigens auch wunderbar als Kleinigkeit verschenken kann.

Für 750 ml Eggnog

5 Eigelb

250 ml brauner Rum

125 g Zucker

350 ml Schlagsahne

Zum Servieren: Sprühsahne, Zimtstangen, Zimt

1. Eigelbe und Zucker über dem heißen Wasserbad verrühren.
2. Anschließend die Sahne unterrühren, bis eine cremige Konsistenz entsteht.
3. Aus dem Wasserbad nehmen und den Rum unterrühren. Dann die Masse abkühlen lassen.
4. Zum Verschenken oder auch für den Eigenbedarf in kleine Fläschchen füllen.
5. Beim Servieren etwas Schlagsahne und Zimt auf den Eggnog geben und eine Zimtstange zum Umrühren hinzufügen.

Fizzy Pomegranate
mit Rosmarin

Zu einer gelungenen Einladung mit Familie und Freunden gerade in der Weihnachtszeit gehört auch ein festlicher Cocktail. Dabei ist mir immer wichtig, dass dieser nicht nur köstlich schmeckt, sondern auch etwas fürs Auge ist. Mit dem Fizzy Pomegranate kann man definitiv in beiderlei Hinsicht punkten.

Für 2 Gläser

Frische Granatapfelkerne aus einem halben Granatapfel

2 Rosmarinzweige

8 Eiswürfel

4 cl Martini

100 ml Champagner

4 cl Granatapfelsaft

2 TL brauner Rohrzucker

2 TL Ahornsirup

2 Cocktailgläser

1. Als Vorbereitung die Granatapfelkerne aus dem Granatapfel lösen.
2. Eiswürfel in die Gläser geben und anschließend den Rohrzucker und den Ahornsirup in die Gläser geben.
3. Mit Champagner aufgießen und zuletzt den Martini und den Granatapfelsaft zugeben.
4. Gut verrühren. Den Rosmarinzweig kurz über einer Flamme flambieren, so entfaltet er seine natürlichen Aromen noch mehr. Den Cocktail mit dem Rosmarinzweig und nach Belieben mit Granatapfelkernen servieren.

Hot Toddy
Heißer Whisky

Ein langer Spaziergang draußen im Schnee mit der Familie, Schlittenfahren, einen Schneemann bauen und anschließend ein wärmendes Getränk vor dem wohlig warmen Kachelofen: So sieht für mich ein perfekter Winternachmittag aus. Für die Kinder gibt es heiße Schokolade, und für die Erwachsenen darf es an den Feiertagen ruhig auch mal etwas Alkoholisches sein. Einer meiner Favoriten neben Glühwein ist der Hot Toddy.

Für 2 Gläser

4 cl Whisky
1 Bio-Zitrone
2 TL Honig
2 Sternanis
2 Zimtstangen
2 kleine Zweige Rosmarin, frisch
Heißes Wasser

1. Die Zitrone halbieren, zwei Scheiben abschneiden und beiseite legen. Die beiden Zitronenhälften auspressen.
2. Den Whisky, 5 cl Zitronensaft und den Honig in einem Glas gut verrühren und auf zwei Gläser verteilen.
3. Anschließend jeweils eine Zitronenscheibe, ein Sternanis, eine Zimtstange und einen Rosmarinzweig in ein Glas geben. Mit heißem Wasser aufgießen.

Wassail
mit Apfelwein

Wassailing ist ein Weihnachtsbrauch, der vermutlich im Mittelalter entstand. In der Vorweihnachtszeit sammelten die Armen Almosen bei den Wohlhabenden und gingen dafür von Haustür zu Haustür. Sie sangen dabei Weihnachtslieder. Vor den Häusern stellten sie einen leeren Krug ab, in der Hoffnung, dass dieser mit Wassail gefüllt werde.

Für 2 Gläser
1 Apfel
25 g brauner Zucker
200 ml dunkles Bier (Guinness)
100 ml Apfelwein
1 Bio-Zitrone
½ TL Zimt
1 Prise Ingwer
2 Zimtstangen
Apfelausstecher

1. Den Ofen auf 150 °C (Ober- und Unterhitze) vorheizen.
2. Den Apfel schälen, entkernen und in Ringe schneiden. Die Apfelringe zusammen mit dem Zucker und der Hälfte des Bieres in eine Auflaufform geben und 25 Minuten lang im Ofen garen.
3. In der Zwischenzeit ½ Zitrone abreiben, den Rest auspressen. Das Bier, den Wein, die Zitronenschale, etwas Zitronensaft und Gewürze in einem Topf erhitzen (nicht kochen).
4. Anschließend die Apfelmischung aus dem Ofen hinzufügen und ein paar weitere Minuten ziehen lassen. Abschmecken, evtl. etwas Apfelwein nachgießen und den Wassail mit einer Zimtstange servieren.

Buchempfehlungen für Sie

Noch mehr Kreativ-Bücher zum gleichen Thema gesucht?

ISBN 978-3-7358-5055-3

ISBN 978-3-7358-5074-4

ISBN 978-3-7358-5069-0

ISBN 978-3-7724-7257-2

ISBN 978-3-7358-5047-8

ISBN 978-3-7358-5072-0

ISBN 978-3-7724-3115-9

ISBN 978-3-7724-8086-7

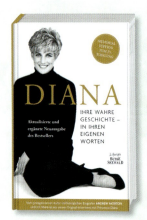
ISBN 978-3-7358-5073-7

Viele weitere Kreativ-Bücher finden Sie auf www.TOPP-kreativ.de

ISBN 978-3-7724-4660-3

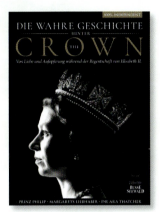
ISBN 978-3-7724-4659-7

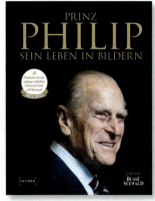
ISBN 978-3-7724-4610-8

ISBN 978-3-7724-7295-4

ISBN 978-3-7724-3119-7

ISBN 978-3-7724-7280-0

ISBN 978-3-7724-7286-2

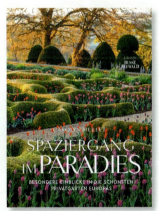
ISBN 978-3-7724-4661-0

ISBN 978-3-7724-4653-5

Impressum

MODELLE UND ANLEITUNGSTEXTE: Anja Amlang

ANDERE TEXTE: S. 8–10: Anja Amlang; S. 12, 17, 20–28, 31 links, 33–35, 53–55, 67–69, 81–82, 95 links, 97–99, 121–123, 143–144: Britta Sopp und Tina Bungeroth, ZweiKonzept GbR

FOTOS:

Adobe Stock: Illustration unter den Überschriften, S. 10, 26, 28, 31, 95, Muster S. 2/3, 32, 34/35, 52, 54/55, 66, 68/69, 80, 82/83, 96, 98/99, 120, 122/123, 142, 144/145, 158/159: Marina Zlochin; S. 4: moofushi; S. 6 rechts, S. 16: Chrissie Creative; S. 6 links unten, 13: Alexey Fedorenko; S. 12: Mariakray; S. 14/15: andrewmroland; S. 17: lynea; S. 19, 20, 27, 29, 35: Archivist; S. 35 links oben: PicsArt; S. 42/43: veneratio; S. 55: Pasko Maksim; S. 68, 69: Monkey Business; S. 82: cristianbalate; S. 92/93: mubus; S. 98: grinchh; S. 99: steheap; S. 144: Sea Wave

Flickr Commons: S. 25: Eliza F. Manning, „The Coming of Father Christmas", London 1894, F. Warne & Co. Abb. S. 17: The British Library @ Flickr Commons

Alle anderen: Anja Amlang

KONZEPTION UND PRODUCING: Britta Sopp und Tina Bungeroth, ZweiKonzept GbR

PRODUKTMANAGEMENT: Stephanie Iber

COVERGESTALTUNG: Eva Hook unter Verwendung eines Fotos von Shutterstock/Vectorchoice (Muster) und eines Fotos von Shutterstock/rawf8 (Weihnachtskugeln)

HERSTELLUNG: Heike Köhl

LAYOUT UND SATZ: Michael Feuerer

REPRO: Michael Feuerer

DRUCK UND BINDUNG: PNB Print Ltd, Lettland

Materialangaben und Arbeitshinweise in diesem Buch wurden von den Autorinnen und den Mitarbeitern des Verlags sorgfältig geprüft. Eine Garantie wird jedoch nicht übernommen. Autor und Verlag können für eventuell auftretende Fehler oder Schäden nicht haftbar gemacht werden. Das Werk und die darin gezeigten Modelle sind urheberrechtlich geschützt. Die Vervielfältigung und Verbreitung ist, außer für private, nicht kommerzielle Zwecke, untersagt und wird zivil- und strafrechtlich verfolgt. Dies gilt insbesondere für eine Verbreitung des Werkes durch Fotokopien, Film, Funk und Fernsehen, elektronische Medien und Internet sowie für eine gewerbliche Nutzung der gezeigten Modelle. Bei Verwendung im Unterricht und in Kursen ist auf dieses Buch hinzuweisen.

2. Auflage 2022

© 2022 frechverlag GmbH, Dieselstr. 5, 70839 Gerlingen, einem Unternehmen der Penguin Random House Verlagsgruppe GmbH, München

ISBN 9-783-7358-5033-1 · Best.-Nr. 25033

Penguin Random House Verlagsgruppe
FSC® N001967